einfach vegan

Die süße Küche

von Avocadocreme-Törtchen bis Zitroneneis

Schirner Verlag

ISBN 978-3-8434-1081-6

Roland Rauter
einfach vegan – Die süße Küche
von Avocadocreme-Törtchen bis Zitroneneis

© 2012 Schirner Verlag, Darmstadt

Umschlag & Satz: Silja Bernspitz, aprilfrisches
Fotografien: Alexandra Schubert
Redaktion: Katja Hiller, Schirner
Printed by: ren nedien, Filderstadt, Germany

www.schirner.com

1. Auflage Oktober 2012

Roland Rauter

einfach vegan
Die süße Küche

von Avocadocreme-Törtchen bis Zitroneneis

Inhalt

Inhaltsverzeichnis

- 08 Lust auf Süßes • 09 Die wichtigsten Backzutaten
- 14 Was beim Backen zu beachten ist

Kleingebäck

• 18 Avocadocreme-Törtchen mit weißer Nusskruste • 20 Baklava • 22 Blaubeer-Cupcake • 24 Brombeer-Trifle • 26 Cakepops • 28 Cappuccinocreme-Törtchen • 30 Donuts • 32 Einfache Pralinen • 34 Englischer Teekuchen • 36 Gefüllte Datteln im Blätterteig • 38 Goldstaubtrüffel • 40 Jasminteetrüffel • 42 Kärntner Zuckerreinkerl • 44 Karottenkuchen mit Zitronenglasur • 46 Kirschtörtchen • 48 Kleine Geburtstagstörtchen • 50 Kokoskuss • 52 Krapfen • 54 Maronimousse-Törtchen • 56 Matchapralinen • 58 Punschkrapfen • 60 Safran-Savarin mit Gewürzpflaumen • 62 Schokoladenmuffins • 64 Schokoladenomeletts mit Himbeercremefüllung • 66 Selbst gemachte Müsliriegel• 68 Selbst gemachte Schokoladentafeln

Kuchen & Torten

• 72 Apfel-Rhabarber-Strudel • 74 Apfelstreuselkuchen • 76 Bananen-Schoko-Schnitte • 78 Beerentorte • 80 Birnentarte • 82 Blaubeerkuchen • 84 Brombeertarte • 86 Brownies • 88 Cremeschnitte • 90 Die einfachste Schokoladentorte der Welt • 92 Feigenkuchen • 94 Gebackener Erdbeerkuchen • 96 Goldtorte • 98 Himbeer-Mohn-Torte • 100 Himbeercremeschnitte • 102 Kärntner Reindling • 104 Kirschstrudel • 106 Kürbiskern-Zitronen-Topfkuchen • 108 Mandarinencremetorte • 110 Marillenkuchen • 112 Marmorgugelhupf mit weißer Kuvertüre und Haselnusskrokant • 114 Marzipan-Nuss-Strudel • 116 Milchreistörtchen mit Grapefruit • 118 Mispelmoussetorte • 120 Orangenkuchen • 122 Osterhase • 124 Pistazien-Gugelhupf mit weißer Schokoladenglasur • 126 Rhabarberauflauf • 128 Rote-Johannisbeer-Kuchen mit Sahnehaube • 130 Schneller Orangenkuchen • 132 Schokoladenschnitten • 134 Seidentofu-Vanille-Kuchen • 136 Weiße Schokomoussetorte mit Minzsahne • 138 Wiener Schokoladentorte • 140 Zitronenrolle

Inhaltsverzeichnis

Süße Hauptspeisen

• 144 Dampfnudeln auf marinierten Erdbeeren • 146 Grießschmarren mit glasierten Äpfeln • 148 Hagebutten-Dukatenbuchteln • 150 Kaiserschmarren mit Zwetschgenkompott • 152 Marillenknödel im Pistazienmantel • 154 Milchreis mit marinierten Mandarinenfilets • 156 Mohnschupfnudeln • 158 Nusspalatschinken mit Schokoladensauce • 160 Zwetschgentäschchen mit Marillenkompott

Nachspeisen

• 164 Amarenakirschpudding • 166 Beerenterrine mit Himbeersauce • 168 Frühlingsrollen mit Apfel-Marzipan-Füllung und süßer Pflaumensauce • 170 Gebackene Apfelringe mit karamellisierten Haselnüssen • 172 Gebackene Holunderblüten auf marinierten Erdbeeren • 174 Gebackene Mäuse mit Apfelmus • 176 Gebackene Schokoladen-Wan-Tan mit Kiwibeeren • 178 Grießdukaten auf Orangenkompott • 180 Hirsedessert • 182 Linzerschnitte • 184 Marillenkompott mit Seidentofu im Glas • 186 Orientalischer Couscous • 188 Pêche Melba (Pfirsich Melba) • 190 Pflaumenkuchen im Glas • 192 Pochierte Birnen mit Maronimousse • 194 Schokoladenkuchen für unterwegs • 196 Schokoladenravioli mit weißer Vanille-Polenta-Füllung • 198 Süßkartoffelgnocchi mit Orangenragout • 200 Warmer Schokoladenpudding

Pudding, Eis & Creme

• 204 Erdbeereis • 206 Grießpudding mit Kumquatkompott • 208 Macadamia-Crème-brûlée • 210 Mangopudding mit Kokos-Minz-Sahne
• 212 Matcha-Pannacotta • 214 Mousse au Chocolat • 216 Rhabarberschaum • 218 Schokoladen-Ingwer-Sorbet • 220 Schokoladenpudding mit Kokosschaum und Erdmandelsplitter • 222 Tiramisu • 224 Zitroneneis

Anhang

• 226 Der Kuchen wird nichts? / Backfehler • 228 Einige Fachbegriffe
• 230 Rezeptregister von a bis z • 232 Über den Koch und die Fotografin

Schwierigkeitsgrad: **❶** auch für Backanfänger
❷ für Backfortgeschrittene **❸** für die Backprofis, etwas kniffliger

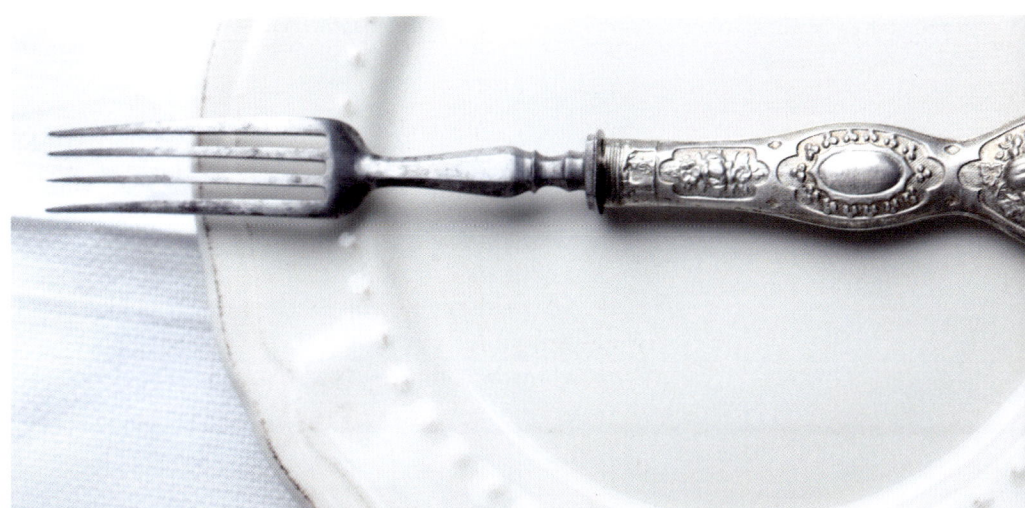

Lust auf Süßes

Eines haben wohl alle Menschen gemeinsam: die Lust auf Süßes. Ich glaube, diese ist uns wohl schon in die Wiege gelegt worden. Die meisten Menschen werden beim Duft von frisch gebackenem Kuchen an die wohlige Geborgenheit ihrer Kindheit und Mutters Leckereien erinnert. Da ist es wohl verständlich, dass die Krönung eines gelungenen Mahles häufig die kunstvoll zubereitete süße Nachspeise ist. Hier können dann auch die letzten Schranken, die den kreativen Fluss beim Kochen und Backen vielleicht noch etwas gebremst haben, endgültig fallen, und das Genie darf bei den Küchlein, Verzierungen der köstlichen Törtchen, Pralinen, Schnittchen und Cremes befreit durchblitzen. Denn was gibt es Schöneres als zur Belohnung für all die Zeit und die Liebe, die wir in der Küche aufwenden, die verzückten Gesichter unserer Gäste zu sehen, wenn sie den ersten Bissen der Köstlichkeiten genüsslich auf ihren Gaumen zergehen lassen. Aber Backen will auch gelernt sein und bedarf einiger Übung.

Ich habe meine Leidenschaft für die süße Küche erst recht spät entdeckt. Während meiner Zeit als Lehrling in der Küche erhielt ich eine umfangreiche Ausbildung in der Patisserie. Es war aber nicht so, dass mich dieser Bereich zu dem Zeitpunkt sehr inspirierte. Die Faszination für die süße Küche kam erst etwas später. Und richtig Spaß macht sie mir erst, seit ich begonnen habe, mich mit der veganen Süßspeisenküche auseinanderzusetzen. Da entdeckte ich so richtig meine Liebe für diesen Bereich.

Weil die Seiten eines Buches leider immer begrenzt sind, möchte ich nicht allzu viel schreiben, um dem Wesentlichen in einem Kochbuch genügend Raum zu geben, den Rezepten. Bei der Auswahl der Rezepte habe ich versucht, alle Bereiche der süßen Küche zu berücksichtigen, um Ihnen einige Wege aufzuzeigen, was in der veganen Zuckerbäckerei alles möglich ist. Ich hoffe, dass ich auch Ihren Geschmack getroffen habe.

Mit köstlichen Grüßen
Roland Rauter

Wo beginnt veganes Backen?

Veganes Backen beginnt beim Equipment. Achten Sie beim Ein- oder Neukauf Ihres Zubehörs zum Beispiel auf das Material des Backpinsels. Die meisten Backpinsel bestehen aus Borsten. Aber es gibt Alternativen: Kunsthaar- oder Silikonpinsel. Für einige wird es bei den Zutaten schon schwieriger. Wie in meinem ersten Buch versuche ich, weitestgehend auf Ersatzprodukte zu

verzichten und Ihnen einfache Rezepte zu präsentieren. Die meisten Zutaten sollten Sie im Supermarkt, im Bioladen und natürlich frisch auf dem Markt erhalten.

Vegan backen? Geht das? Ja, und wie! Und es schmeckt noch dazu!

Wie backt man Kuchen ohne Eier und Milchprodukte? Wie wird ein veganer Kuchen locker? Was mache ich ohne Sahne? Und wird meine Beerenterrine mit Himbeersauce ohne Gelatine fest? Sie sehen, hier gibt es viele Fragen.

Die wichtigsten Backzutaten

Agar-Agar: Agar-Agar ist ein pflanzliches Geliermittel, das aus Algen, vor allem der Rotalge, gewonnen wird. Es lässt sich leicht verarbeiten, ist geschmacksneutral und wie Gelatine überall einsetzbar. 5 g Agar-Agar ersetzen 6 Blatt Gelatine. Beachten Sie jedoch, dass es je nach Hersteller zu Abweichungen in der Bindefähigkeit kommen kann. Bleiben Sie einem Hersteller treu, dadurch ersparen Sie sich unangenehme Überraschungen.

Backpulver: Ich verwende mit Vorliebe Weinsteinbackpulver. Achten Sie darauf, dass es vegan ist. Backpulver sollte zur besseren Verteilung im Teig gemeinsam mit dem Mehl versiebt werden.

Ei-Ersatz: In den meisten Fällen ist es kein Problem, Ei zu ersetzen. Je nach Rezept und Rolle des Eis darin, kann es durch einige der folgenden Zutaten ersetzt werden: Sojamehl, Sojadrink, Apfelmus, Leinsamen, Stärkemehl, Bananen oder Kichererbsenmehl. Im Handel ist auch Ei-Ersatzpulver erhältlich, mit der Bezeichnung »No Egg« oder »Egg Free«. Dieses Pulver eignet sich zur Herstellung von Biskuit und ähnlichem. Es gibt auch Ei-Ersatzpulver, mit dem sich Baisers oder Schneehauben machen lassen.

Frischkäse: Vegane Alternativen zum Frischkäse sind meist auf Sojabasis erhältlich.

Gelatine: Je nach Verwendungszweck kann Gelatine durch Agar-Agar, Guarkernmehl oder Fertigprodukte wie Agaranta ersetzt werden.

Hefe: Einzellige Hefepilze rufen im Teig eine Gärung hervor und werden als Treibmittel verwendet. Hefe hat einen hohen Gehalt an B-Vitaminen. Ich verwende meistens frische Hefe.

Backzutaten

Honig:

Als Alternative zum Honig eignen sich Apfelsüße, Ahornsirup und Agavendicksaft. Ich bevorzuge jedoch selbst gemachten Löwenzahn- und Maiwipferlhonig, die Sie vereinzelt auch im Handel oder auf regionalen Märkten finden können und die gerade wieder eine kleine Renaissance erleben.

Mein Rezept für Maiwipferlhonig teile ich gern mit Ihnen:
Maiwipferlhonig: 1 L Wasser | 800 g junge Fichtentriebe (von Ende April bis Mai vom Baum schneiden) | 800 g Feinkristallzucker

Fichtentriebe mit Wasser bedecken und einmal aufkochen lassen. Dann ca. 2 Stunden auf kleinster Flamme mehr ziehen als köcheln lassen. Über Nacht auskühlen lassen und anschließend abseihen und abmessen. Das Verhältnis Saft und Zucker sollte 1:1 betragen. Den Zucker im Saft auflösen und aufkochen lassen. Den Sirup einreduzieren lassen, bis er die Konsistenz von Honig erreicht hat. Anschließend in sterilisierte Gläser abfüllen und noch heiß verschließen. Maiwipferlhonig ist natürlich kein Honig im eigentlichem Sinn, aber er ist ein hervorragender Sirup, der sich ideal als Brotaufstrich, zum Süßen von Tee oder für vieles andere eignet.

Joghurt: Joghurt tauschen Sie ganz einfach gegen Sojajoghurt aus.

Marzipan: Marzipan wird aus gehäuteten, in feuchtem Zustand geriebenen Mandeln und Zucker hergestellt. Alle Zuaten werden durch Erhitzen vermischt.

Mehl:

Welches Mehl für welchen Zeck?

Was sagt die Typenzahl auf der Verpackung über das Mehl aus? Je mehr Mineral- und Ballaststoffe mit vermahlen werden, desto dunkler ist das Mehl und desto höher ist die Typenzahl auf der Verpackung. Vereinfacht gesagt: Mehl mit einem hohen Anteil an Nährstoffen hat eine höhere Typenbezeichnung als fein ausgemahlenes Mehl. Je nach Zweck und Art der Verwendung wählen Sie also zwischen den einzelnen Mehltypen:

Weizenmehl Type 405 bzw. 480 in Österreich: Reines weißes Mehl enthält keinerlei dunkle Bestandteile des Getreidekorns. Es ist das klassische Mehl für feine Kekse und Kuchen, denn es besitzt eine hervorragende Backeigenschaft.

Weizenmehl Type 550 bzw. 700 in Österreich: Dieses etwas dunklere Mehl eignet sich besonders gut für Rührteige, denn die Teige werden sehr feinporig und locker.

Weizenmehl Type 1050 bzw. 1600 in Österreich: Das dunkle Mehl hat einen hohen Anteil an Nährstoffen aus dem ganzen Korn und einen nussigen, etwas kräftigeren Geschmack.

Vollkornmehl: Diese Mehlsorte wird aus dem ganzen Getreidekorn hergestellt, ist sehr dunkel in der Farbe und auch kräftiger im Geschmack. Beim Backen benötigt es allerdings einen höheren Flüssigkeitsanteil als fein ausgemahlenes Mehl. Es empfiehlt sich, ca. ein Drittel bis die Hälfte des Vollkornmehls mit Mehl vom Typ 405 zu mischen.

Griffiges Mehl: Dies ist ein reinweißes Mehl, bei dem der Weizenkeim mit gemahlen wird. Es ist rieselfreudiger und quillt langsamer und stärker als glattes Mehl. Es eignet sich gut für Hefe-, Rühr- und Mürbeteige.

Milch: Milch kann problemlos durch eine Vielzahl veganer Alternativen ersetzt werden. Sie finden neben Sojadrinks in verschiedenen Geschmacksrichtungen eine große Auswahl an Reis-, Mandel- oder Haferdrinksorten. Sollten Sie eine bestimmte Sorte bevorzugen, tauschen Sie in den Rezepten auch einmal Sojadrink gegen beispielsweise Mandeldrink.

Mineralwasser: Kohlensäurehaltiges Mineralwasser findet Verwendung als Treib- und Lockerungsmittel.

Natron: Natron eignet sich besonders bei schweren Teigen als Treibmittel.

Nougat: Nougat wird durch das Vermischen von zerriebenen gerösteten Mandeln oder Haselnüssen mit geschmolzenem Feinkristallzucker und Milchschokolade-Kuvertüre bzw. dunkler Kuvertüre hergestellt. Vor dem Kauf empfiehlt es sich, die Zutatenliste zu lesen.

Pottasche: Pottasche ist die Bezeichnung für Kaliumcarbonat, ein Treib- und Lockerungsmittel, das hauptsächlich in Lebkuchenrezepten vorkommt. Es sorgt dafür, dass das Gebäck länger frisch bleibt, und es hat einen entscheidenden Einfluss auf den Geschmack.

Quark: Als Alternative zu Quark eignet sich Seidentofu bzw. Tofu, je nach gewünschter Konsistenz.

Sahne: Es gibt mittlerweile viele vegane Alternativen zur Sahne, häufig »Cuisine« genannt, im Handel. Auch Schlagcreme zum Aufschlagen ist auf Soja-, Kokos- oder Reisbasis erhältlich, muss vor der Verarbeitung aber meistens einige Stunden sehr gut gekühlt werden.

Backzutaten

Sauerrahm: Es gibt im Handel vegane Alternativen auf Sojabasis mit der Bezeichnung »Sour Creme«.

Schokolade:

Wer glaubt, Schokolade ist gleich Schokolade, der irrt. Nicht nur, dass es in der Qualität der verwendeten Kakaobohnen große Unterschied gibt, auch die Verwendung der Schokolade bestimmt, zu was Sie greifen sollten.

Kuvertüre: Kuvertüre hat wohl die beste Qualität, denn Kuvertüre darf nur aus Kakaobutter und Kristallzucker bestehen. Gute Kuvertüre sollte einen hohen Kakaoanteil von über 70 % haben.

Milchschokolade-Kuvertüre: Diese gibt es im Handel als vegane Alternative auf Reis- oder Sojadrinkbasis.

Weiße Kuvertüre: Weiße Kuvertüre muss man schon etwas suchen. Vegane weiße Kuvertüre basiert auf Sojadrink.

Kochschokolade: Sie verfügt über einen Kakaoanteil von mindestens 40 % und wird als Backzutat verwendet. Sie kann wie Kuvertüre verarbeitet werden, jedoch mit deutlichen Abstrichen in der Qualität. Um Kochschokolade geschmeidiger zu machen, können Sie etwas Kokosfett dazugeben.

Speisestärke: Stärke wird aus Mais, Reis, Kartoffeln oder Weizen hergestellt. Sie muss immer mit kalter Flüssigkeit angerührt werden. Rühren Sie sie dann am besten mit einem Schneebesen in die kochende Flüssigkeit ein.

Vegane Margarine dient beim Backen als Ersatz für Butter. Jedoch nicht jede Margarine ist vegan und auch zum Backen geeignet. Hier hilft einfach ein Blick auf die Verpackung. Unterschiedliche vegane Margarinen variieren auch stark im Geschmack. Probieren Sie ein paar Marken aus, dann werden Sie Ihre Lieblingsmargarine rasch finden.

Zucker & Co:

Wohl kein anderes Lebensmittel steht so stark in der Kritik wie Zucker. Ernährungswissenschaftler warnen uns regelmäßig vor dem Verzehr von Zucker. Ich verwende in meinen süßen Rezepten dennoch Zucker, meist sogar weißen Zucker. Warum tue ich das, wenn Zucker doch so »schlecht« ist?
Weil es zum Backen, wie ich finde, kaum wirklich gute und vor allem sinnvolle Alternativen gibt. Und wie bei allem, macht es auch hier die Menge. Dies ist

jedoch eine Entscheidung, die jeder für sich selbst treffen muss. Zucker ist im Teig wichtig für das Volumen, die Porigkeit und die Bräunung. Verwenden Sie so feinen Zucker wie möglich, denn grober Zucker löst sich manchmal schlecht auf. Zucker lässt sich meist problemlos ersetzen, jedoch sind die Teige dann nicht so schön locker und auch vom Geschmack her oft anders als mit Zucker.

Brauner Zucker: Dies ist ein Sammelbegriff. Nicht jeder braune Zucker ist ein Vollzucker. Es gibt verschiedene Herstellungsarten und oft wird weißer Zucker mit Zuckerrohrmelasse oder mit karamellisiertem Zuckersirup vermischt.

Vollzucker: Er stammt aus der Zuckerrübe und Vollrohrzucker aus dem Zuckerrohr. Bei der Herstellung von Vollzucker wird die Melasse nicht entfernt, sondern der vollständige Saft eingetrocknet. Daher hat Vollzucker einen höheren Mineralstoff- und Vitamingehalt als weißer Zucker. Vollzucker sollte trocken gelagert werden, weil er leichter verdirbt als weißer Zucker. Außer im Geschmack gibt es kaum Unterschiede zwischen weißem und braunem Zucker, auch nicht hinsichtlich des Energiegehalts und der Förderung der Entstehung von Karies.

Künstliche Süßstoffe: Sie sind für mich keine wirklich guten Alternativen zu Zucker, denn sie stehen im Verdacht dick zu machen. Sie werden sogar in der Tiermast eingesetzt, warum wohl?

Fruchtzucker: Fruchtzucker ist Studien zufolge leider auch bei Weitem nicht so gut wie sein Ruf.

Agavendicksaft: Wenn er natürlich gewonnen wird, ist er sehr teuer, weshalb die Industrie Mittel und Wege gefunden hat, Agavendicksaft günstiger herzustellen. Das Problem dabei ist nur, dass dies zulasten der Qualität des Produktes und auf Kosten der Arbeitnehmer vor Ort geht. Agavendicksaft hat normalerweise einen langen Transportweg. Ist es wirklich nötig, Agavendicksaft zu importieren? Dies soll nicht heißen, dass er nicht auch seine Berechtigung hat. Jedoch möchte ich Sie zum Nachdenken anregen. Hinterfragen Sie die Herkunft der Produkte und deren Herstellungsweise. Jedes Produkt hat zwei Seiten, und jede Seite hat seinen Preis.

Ich verwende bevorzugt Apfeldicksaft bzw. Apfelsüße. Eine weitere Möglichkeit, Zucker zu ersetzen, ist Birkenzucker. Birkenzucker ist eine großartige Alternative, hat jedoch seinen Preis und ist für alle Rezepte mit Hefe nicht geeignet. Birkenzucker entzieht der Hefe aufgrund seiner Beschaffenheit die

Lebensgrundlage. Auch das Herstellen von Zuckerkaramell ist damit nicht möglich, aber Birkenzucker hat 40% weniger Kalorien als Zucker.

Stevia: Stevia finde ich zum Backen recht schwierig und bisher habe ich noch keine wirklich überzeugenden Rezepte für mich gefunden. Das Süßen von Cremes, Kompotten oder Puddings ist damit kein Problem. Der Eigengeschmack von Stevia ist jedoch ein wenig gewöhnungsbedürftig.

Alle Alternativen zu Zucker haben ein mehr oder weniger spezielles Backverhalten und variieren in Bezug auf Inhaltsstoffe und Geschmack. Verwenden Sie sie nach Ihrer persönlichen Vorliebe, die meisten Rezepte sollten sich diesbezüglich problemlos anpassen lassen.

Was beim Backen zu beachten ist

Moderne Haushaltsbacköfen verfügen bereits über eine Vielzahl von Funktionen. Ober- und Unterhitze, Umluft und die Grillfunktion, mit der ein schnelles Überbacken erfolgt, sind die wichtigsten Funktionen, über die Ihr Ofen verfügen sollte. Im Normalfall sollten Sie Ihren Ofen vor dem Backen vorheizen und auf die gewünschte Temperatur bringen, bevor Sie den Kuchen hineinstellen.

Nicht jeder Ofen backt gleich. Ich habe es im Laufe der Zeit mit vielen Backöfen zu tun bekommen, und jeder hat sich ein wenig anders verhalten. Meist sind die Termperaturanzeigen nicht exakt, was man aber wissen sollte. Beobachten Sie Ihren Backofen, und notieren Sie eventuelle Abweichungen in Ihrer Rezeptkartei oder direkt im Buch. Auch die Überprüfung mit einem externen Thermostat kann hilfreich sein.

Stellen Sie die Backformen beim Backen immer auf den Rost, denn dadurch ist eine gleichmäßige Hitzeverteilung gewährleistet. Lassen Sie das, was Sie backen, niemals aus den Augen. Überprüfen Sie den Backvorgang durch das Sichtfenster des Ofens, um rechtzeitig eingreifen zu können, falls etwas schiefgeht. Die Backzeiten in den Rezepten sind Richtwerte, sie ersetzen niemals die Kontrolle des Backguts. Backen erfordert Ihre ganze Aufmerksamkeit, wenn das Ergebnis überzeugen soll.

Nadelprobe: Als Stäbchen- oder Nadelprobe wird das Einstechen mit einer Nadel oder einem Holzspieß in den Kuchen bezeichnet. Durch eine solche Probe können Sie erkennen, ob der Kuchen schon fertig gebacken ist. Beim

Herausziehen des Spießes dürfen sich keine Teigreste mehr an dem Spieß befinden. Dann ist der Kuchen fertig.

Meine Rezepte sind so erstellt, dass Sie immer mit statischer Hitze, also mit Ober- und Unterhitze, backen können. Der Vorteil von statischer Hitze gegenüber Umluft ist, dass das Gebäck nicht austrocknet. Sollten Sie mit Umluft backen wollen, beachten Sie, dass je nach Ofen die Temperatur um 10–20% reduziert werden muss. Das Backen mit Umluft empfiehlt sich eigentlich nur, wenn Sie auf mehreren Ebenen zugleich backen möchten, z. B. Plätzchen.

Welche Backformen benötige ich wirklich?

Als Backanfänger steht man häufig vor der Wahl, welche Formen man sich kaufen soll. Die Regale sind voll mit allen möglichen Formen, in allen Größen und Farben. Doch worauf kommt es bei der Wahl der Backformen an? Backformen sollten einige Kriterien erfüllen, wie z. B. Wärme gut leiten, eine gleichmäßige Bräunung des Gargutes gewährleisten, sich leicht vom Gargut lösen und schnell zu reinigen sein.

Als Zubehör zum Backen benötigen Sie einen Backrost und ein Backblech, die meist beim Kauf des Herdes mitgeliefert werden. Ich bin ein großer Fan von verstellbaren Backrahmen und Tortenringen. Damit haben Sie immer die benötigte Größe zur Hand. Außerdem sind die Formen langlebig und leicht zu reinigen. Des Weiteren empfehlen sich eine ordentliche Auflaufform, mehrere Dariolformen, eine Gugelhupfform, und schon sind Sie eigentlich komplett ausgestattet. Für alle anderen Kuchen finden Sie bestimmt kreative Lösungen, z. B. das Backen in einem Blumentopf oder ähnlichem.

Was Sie sonst noch beachten sollten

Gehen Sie etwas organisiert ans Backen heran. Eine gute Organisation und Planung der Abläufe erspart Ihnen unnötigen Stress und ist Grundlage Ihres Erfolgs. Erstellen Sie einen ungefähren Zeitplan. Legen Sie alle benötigten Utensilien, vom Backblech über Geschirr bis zum Reinigungsmaterial, bereit. Schauen Sie darauf, dass Ihr Arbeitsplatz immer aufgeräumt und sauber ist. Reinigen Sie Ihr Werkzeug bzw. die Arbeitsfläche nach jedem Arbeitsgang. Beginnen Sie bei der Zubereitung der Rezepte in der vorgegebenen Reihenfolge. Zum Vorheizen des Ofens sollten Sie ca. 10 Minuten einplanen, dann ist meist die gewünschte Backtemperatur erreicht.

Kleingebäck

Avocadocreme-Törtchen mit weißer Nusskruste

Für den Boden
500 g vegane Kekse oder Zwieback
200 g vegane Margarine

Für die Avocadocreme
2 reife Avocados
200 ml vegane Schlagcreme
70 g weiße Kuvertüre
oder Reismilchschokolade
4 EL Apfelsüße
2 EL Limettensaft
1 Päckchen Sahnesteif

Für die Nusskruste
200 g weiße Kuvertüre
50 g Haselnusskrokant

Außerdem
Erdbeeren zum Garnieren

Kekse im Mixer fein mahlen. Margarine dazugeben und zu einem Teig verarbeiten. Dessertringe auf eine Platte mit Butterpapier stellen. Die Keksmasse in die Tortenringe füllen, so fest wie möglich andrücken und im Kühlschrank ca. 2 Stunden gut durchkühlen lassen. Die Böden sollten sich fest anfühlen. Weiße Kuvertüre für die Nusskruste schmelzen lassen. Backpapier auf ein Blech legen. Die geschmolzene Kuvertüre auf das Papier gießen, ca. 2 mm dick ausstreichen, mit Haselnusskrokant bestreuen und fest werden lassen. Mithilfe eines Dessertrings und eines Messers, die Klinge am besten vorher in heißes Wasser tauchen, die Form der Törtchen aus der Kuvertüre schneiden oder ausstechen.
Die Schlagcreme mit Sahnesteif aufschlagen. Kuvertüre für die Avocadocreme im Wasserbad schmelzen lassen. Avocados halbieren, Kerne entfernen und das Fruchtfleisch mit einem Löffel aus den Avocados herausholen. Fruchtfleisch mit Limettensaft, Apfelsüße und Kuvertüre fein passieren und unter die Schlagcreme heben. Die Avocadomasse über die Keksböden in die Dessertring füllen, glatt streichen und 2–3 Stunden kalt stellen. Anschließend die Törtchen aus der Form schneiden und mit der runden Nusskruste belegen.

Die Törtchen mit frischen Erdbeeren garnieren.

Schwierigkeitsgrad: ❷ | Zubereitungszeit: 30 Min. plus Kühlzeit | Zubehör: 4–6 Dessertringe ø 8 cm

Yufkateig erhalten Sie normalerweise in jedem gut sortierten Supermarkt. Sollten Sie dennoch keinen bekommen, können Sie ihn auch durch Strudelteig ersetzen.

Baklava

Für das Nussfüllung
250 g geriebene Walnüsse
125 g zerlassene vegane
Margarine
100 g geriebene Pistazien
15 Blätter Yufkateig
½ TL grüner, frisch gemahlener
Kardamom

Für den Sirup
200 ml Wasser
150 g Feinkristallzucker
100 g Apfelsüße
20 ml Rosenwasser
Saft ½ Zitrone
1 Zimtstange
4 Nelken

Außerdem
40 g gehackte Pistazien
zum Bestreuen

Für den Sirup alle Zutaten in einem Topf zum Kochen bringen und ca. 5 Minuten auf kleiner Flamme köcheln lassen. Dann vom Herd nehmen und abkühlen lassen.

Walnüsse, Pistazien und Kardamom vermischen. Eine rechteckige Backform dünn mit einem Teil der zerlassenen veganen Margarine bestreichen. Den Yufkateig auf die Größe der Form zurechtschneiden. 5 Blätter Yufkateig übereinander in die Form legen, dünn mit Margarine bestreichen und die Hälfte der Nussmischung darauf verteilen. Dann wieder 5 Blätter Yufkateig darauflegen, dünn mit Margarine bestreichen und den Rest der Nussmischung darüber verteilen. Die restlichen 5 Lagen Teig darüberschichten. Baklava in die gewünschte Größe schneiden und mehrmals mit Margarine bestreichen. Im vorgeheizten Ofen bei 180 °C ca. 40 Minuten backen. Baklava aus dem Ofen nehmen und abkühlen lassen. Danach mit zwei Drittel des Sirups begießen und ca. 1 Stunde durchziehen lassen. Zum Schluss den restlichen Sirup darübergeben und mit etwas gehackten Pistazien bestreuen.

Schwierigkeitsgrad: ❶ | Zubereitungszeit: 30 Min. |
Backzeit: 40 Min. | Backtemperatur: 180 °C, 2. Schiene |
Zubehör: rechteckige Backform, ca. 18 x 22 cm

Blaubeer-Cupcake

Für die Muffins

3 reife Bananen
280 g helles Weizenmehl
150 g Blaubeeren
90 g Feinkristallzucker
80 ml Rapsöl
30 g Maisstärke
7 g Weinsteinbackpulver
5 g Natron
1 TL Zitronensaft
½ TL Vanillepulver
abgeriebene Schale einer Zitrone
1 Prise Salz

Für die Creme

200 ml vegane Schlagcreme
150 g Vanillepudding
100 g Blaubeeren
1 EL Apfelsüße

Vom Zucker 1 EL abnehmen und mit den Blaubeeren mischen. Geschälte Bananen mit Zitronensaft, Zitronenschale und Zucker zerdrücken. Rapsöl dazugeben und mit einem Handrührgerät schaumig aufschlagen. Mehl mit Maisstärke, Backpulver, Natron, Vanillepulver und Salz mischen und unter die Bananen rühren. Die Blaubeeren vorsichtig unter die Muffinmasse heben. Ein Muffinblech mit Papierförmchen auslegen und die Masse einfüllen. Muffins im vorgeheizten Ofen bei 190 °C 20–25 Minuten backen und dann auskühlen lassen.

Für die Creme Blaubeeren mit Vanillepudding und Apfelsüße mit dem Stabmixer pürieren. Die Schlagcreme aufschlagen und unter die Puddingcreme heben. Die Creme mithilfe eines Spritzbeutels auf die Muffins dressieren.

Schwierigkeitsgrad: ❷ | Zubereitungszeit: 25 Min. plus Auskühlzeit | Backzeit: 20–25 Min. | Backtemperatur: 190 °C, 2. Schiene | Zubehör: Muffinblech, Papierförmchen, Spritzbeutel mit Sterntülle

Brombeeren sind im Dessertbereich leider nicht so oft anzutreffen. Das ist ein sehr ein einfaches Rezept, das Ihnen Brombeeren schmackhaft machen soll.

Brombeer-Trifle

Für den Biskuitteig
250 ml Sojadrink
200 g helles Weizenmehl
100 g Feinkristallzucker
80 g geriebene Haselnüsse
50 ml Rapsöl
40 g grob geraspelte Zartbitterschokolade
2 EL Apfelessig
8 g Weinsteinbackpulver
1 TL Vanillezucker
abgeriebene Schale ½ Orange
1 Prise Salz

Außerdem
250 g Brombeeren
250 ml vegane Schlagcreme
100 g dunkle Kuvertüre
vegane Margarine zum Ausfetten
Mehl zum Ausstauben
Puderzucker zum Bestreuen

Mehl mit Backpulver versieben. Zucker, Schokolade, Nüsse, Orangenschale, Vanillezucker und Salz gut mit dem Mehl vermischen. Sojadrink mit Rapsöl und Apfelessig vermengen und mit dem Handrührgerät unter die Mehlmischung rühren. 4 große Kaffeebecher ausfetten und mit etwas Mehl ausstauben. Den Teig einfüllen und im vorgeheizten Ofen bei 180 °C ca. 35 Minuten backen. Nach dem Auskühlen die Biskuits jeweils in 12 Scheiben schneiden.
Kuvertüre im Wasserbad schmelzen und wieder abkühlen lassen. Vegane Schlagcreme aufschlagen und die abgekühlte Kuvertüre unterrühren. Die Schokoladencreme in einen Spritzbeutel füllen. Nun abwechselnd zwei Mal einen Biskuitboden, Schokoladencreme, Brombeeren übereinanderschichten und alles mit einer Schicht Kuchen abschließen. Den Trifle mit Puderzucker bestreuen.

Schwierigkeitsgrad: ❷ | Zubereitungszeit: 30 Min. |
Backzeit: 35 Min. | Backtemperatur: 180 °C, 2. Schiene |
Zubehör: 4 große Kaffeebecher, Spritzbeutel mit Sterntülle

Cakepops

1 Schokoladenbiskuit
(siehe S. 47)
150 g weiße Kuvertüre
100 g Mürbeteigkekse
60 g Kokosraspel
50 g zimmerwarme vegane
Margarine
40 g gehackte Haselnüsse
40 ml Soja Cuisine
4 EL Pfirsichnektar
(oder anderer Fruchtnektar)
1 TL Vanillezucker

Außerdem
200 g dunkle Kuvertüre
5 EL gehackte Mandeln
5 EL Zuckerstreusel
20-25 Lollistiele

Margarine schaumig rühren. Biskuitteig und Mürbteig-
kekse zerbröseln und mit Kokosraspeln, Haselnüssen
und Vanillezucker unter die Margarine rühren. Weiße
Kuvertüre, Pfirsichnektar und Soja Cuisine nach und
nach dazugeben und alles gut durchkneten. Es sollte
eine nicht zu feuchte, leicht formbare Masse entstehen.
Ca. 3 cm große Kugeln formen. Die dunkle Kuvertüre schmelzen lassen und temperieren. Die Lollistiele
ca. 2 cm tief in die Schokolade eintauchen und anschließend in die Kugeln drücken.
Für Anfänger empfiehlt es sich, die so vorbereiteten
Cakepops eventuell 10–15 Minuten auf einem Teller in
den Gefrierschrank zu stellen. Anschließend die Cakepops komplett in die temperierte Kuvertüre eintauchen
und sofort mit Nüssen oder Zuckerstreuseln garnieren.

Tipp: Sie können auch einfach hellen Biskuitteig
mit etwas veganem Frischkäse zu einer formbaren
Masse verkneten, sodass sich daraus Kugeln formen
lassen. Geschmacklich können Sie die Masse mit verschiedenen Marmeladen oder Likören abschmecken.
Bei der Glasur bzw. dem Frosting variieren Sie von
Frischkäse mit veganer Margarine und Puderzucker
über weiße vegane Schokolade oder Fondant, das Sie
nach Lust und Laune einfärben.

Schwierigkeitsgrad: ❶ | Zubereitungszeit: 20 Min.

Cappuccinocreme-Törtchen

Für die Böden

330 ml Sojadrink
250 g helles Weizenmehl
160 g Feinkristallzucker
120 ml Rapsöl
30 g fein geriebene Mandeln
15 g Kakaopulver
7 g Weinsteinbackpulver
5 g Natron
2 TL Apfelessig
1 TL Vanillezucker
1 Prise Salz

Für die Kaffeecreme

300 ml vegane Schlagcreme
3 EL löslicher Kaffee
50 – 80 g Puderzucker
1 Päckchen Sahnesteif
1 Prise Vanillepulver

Außerdem

100 g dunkle Kuvertüre
8 Physalis

Mehl, Mandeln, Kakao, Zucker, Vanillezucker, Backpulver, Natron und Salz mischen. Die Mehlmischung mit Sojadrink, Öl und Apfelessig zu einem homogenen Teig verrühren. Den Teig ca. 2 cm hoch auf ein mit Backpapier belegtes Blech geben und im vorgeheizten Ofen bei 180 °C 35 – 40 Minuten backen. Den Boden auskühlen lassen.

Schlagcreme mit Vanillepulver, Sahnesteif und Puderzucker aufschlagen und das Kaffeepulver vorsichtig einrühren. Dafür einfach das Pulver auf die Schlagcreme geben, 2 – 3 Minuten stehen lassen und mit einem Kochlöffel etwas unterrühren. Die Creme sollte dann der Farbe von Milchkaffee ähneln.

Mit den Dessertringen die Tortenböden ausstechen, diese auf eine Platte mit Backpapier stellen und die Dessertringe wieder um die Böden befestigen. Die Kaffeecreme in die Dessertringe füllen, sodass oben ein Häubchen entsteht. Die Törtchen 1–2 Stunden kalt stellen.

Dunkle Kuvertüre schmelzen lassen und temperieren. Die Physalis öffnen, die Papierhaut nach oben ziehen. Die Physalis zur Hälfte in die Kuvertüre eintauchen, abtropfen lassen und auf Backpapier stellen, damit die Kuvertüre fest wird. Die Törtchen mithilfe eines dünnen Messers aus den Dessertringen schneiden.

Die Böden mit einem Pinsel mit Kuvertüre einstreichen und auf einen mit Backpapier belegten Tortenteller setzen. Die Kuvertüre fest werden lassen und die Physalis in der Mitte auf die Törtchen setzen.

Schwierigkeitsgrad: ❸ | Zubereitungszeit: 35 Min. plus Kühlzeit | Backzeit: 35–40 Min. | Backtemperatur: 180 °C, 2. Schiene | Zubehör: Dessertringe, ø 8 cm

Diese Donutsversion basiert auf Hefeteig. Ich bevorzuge sie gegenüber den Varianten mit Backpulver.

Donuts

Für 15 – 20 Stück
500 g helles Weizenmehl
310 ml Sojadrink
100 g Feinkristallzucker
21 g Hefe
20 g vegane Margarine
1 Prise Salz
abgeriebene Schale ½ Zitrone

Für die Glasur
150 g Puderzucker
2 EL Sojadrink
1 TL Zitronensaft

Außerdem
4 EL Haselnusskrokant
4 EL Zuckerstreusel
Pflanzenöl zum Ausbacken

Mehl in eine Schüssel sieben. Hefe in ca. 100 ml lauwarmem Sojadrink auflösen und mit 2 EL Zucker und etwas Mehl in der Schüssel zu einem Vorteig verarbeiten. Diesen ca. 15 Minuten gehen lassen. Danach Zucker, Margarine, Zitronenschale, Salz und den restlichen Sojadrink zum Vorteig geben und alles zu einem nicht zu festen Teig verarbeiten. Den Teig zugedeckt ca. 40 Minuten gehen lassen. Anschließend auf einer bemehlten Arbeitsfläche ca. 1 cm dick ausrollen und Teiglinge ausstechen. In der Mitte der Teigstücke ein Loch ausstechen. Ausreichend Öl in einer Pfanne erhitzen und die Donuts schwimmend auf beiden Seiten goldbraun ausbacken. Dann auf Küchenkrepp abtropfen lassen. Für die Glasur Puderzucker mit Sojadrink und Zitronensaft glatt rühren. Die Donuts in die Glasur tauchen und je nach Wunsch mit Haselnusskrokant oder Zuckerstreuseln bestreuen. Alternativ können die Donuts auch mit weißer Kuvertüre glasiert und dann mit dunklen Kuvertürestreifen verziert werden.

Schwierigkeitsgrad: ❷ | Zubereitungszeit: 35 Min. plus Teigruhe | Zubehör: Kreisausstecher, 8 cm und 2 cm

Dies ist ein sehr einfaches Rezept, das Ihnen den Einstieg in die Welt der Pralinen erleichtern soll. Sie benötigen weder Pralinennadeln noch sonstiges Zubehör. Ich bin mir aber sicher, dass Sie sich relativ rasch das nötige Zubehör besorgen werden, wenn Sie erst einmal mit dem Pralinenfieber infiziert sind. Die Welt der veganen Pralinen ist verführerisch und überaus faszinierend.

Einfache Pralinen

ca. 30 Pralinenhohlkörper
100 g vegane Schlagcreme
80 g Zartbitterschokolade
1 EL Apfelsüße
Mark ½ Vanilleschote
einige grob gehackte Pistazien

Schokolade sehr fein hacken. Schlagcreme mit Vanillemark aufkochen, Apfelsüße dazugeben und die Schokolade darin auflösen. Die dunkle Ganache kalt stellen und ca. 4 Stunden durchkühlen lassen. Die Schokolademasse etwas aufschlagen und mithilfe eines Spritzbeutels in die Pralinenhohlkörper füllen. Die Öffnung mit einigen Pistaziensplittern bestreuen.

Tipp: Wer die Pralinen optisch noch etwas verfeinern möchte, kann dies folgendermaßen tun: Kuvertüre temperieren und in einen kleinen Spritzbeutel füllen. Die Einfüllöffnung der Pralinen damit verschließen und auskühlen lassen. Anschließend die Pralinen auf eine feine Nadel stecken, durch die Kuvertüre ziehen, abtropfen lassen, auf Backpapier legen und die Schokolade aushärten lassen. Einfacher geht es mit einer Pralinengabel und einem Pralinengitter.

Schwierigkeitsgrad: ❶ | Zubereitungszeit: 20 Min. plus Kühlzeit | Zubehör: Spritzbeutel

Selbstverständlich kann man diesen Kuchen auch in einer herkömmlichen Kuchenform backen. In den Originalrezepturen wird Englischer Teekuchen nach dem Backen mit einer ordentlichen Portion Brandy übergossen. Dieser Vorgang wird oft mehrmals wiederholt.

Englischer Teekuchen

300 ml Schwarzer Tee
280 g helles Weizenmehl
250 ml Sojadrink
160 g Rohrohrzucker
160 g vegane Margarine
120 g Rosinen
60 g geschnittene, getrocknete
Datteln
50 g grob gehackte, kandierte
Kirschen
50 g geschnittene, gemischte
kandierte Früchte
40 ml Zuckerrübensirup
4 g Weinsteinbackpulver
½ TL grüner, frisch gemahlener
Kardamom
½ TL Vanillepulver
½ TL Zimt
½ TL frisch geriebener Ingwer

Außerdem

150 g zerlassene dunkle Kuvertüre
50 ml Orangensaft
vegane Margarine für die Formen
Mehl zum Ausstauben der Formen
Puderzucker oder Glitterzucker
zum Bestreuen

Alle Trockenfrüchte in einer Schüssel mischen und mit Schwarzem Tee bedecken. Alles ca. 20 Minuten ziehen lassen, dann abgießen und gut abtropfen lassen. Mehl, Zucker, Kardamom, Vanillepulver, Zimt, Ingwer und Backpulver mischen und mit der Margarine verkneten. Trockenfrüchte, Sojadrink und Zuckerrübensirup hinzugeben und alles in einer Küchenmaschine zu einem glatten Teig verarbeiten. Kaffeebecher mit etwas Margarine ausfetten und mit Mehl ausstauben. Den Teig etwa bis zwei Drittel der Höhe des Bechers einfüllen und im vorgeheizten Ofen bei 180 °C ca. 30 Minuten backen. Die Temperatur auf 160 °C absenken und die Kuchen weitere 30 Minuten fertig backen. Sollten die Kuchen zu dunkel werden, eventuell mit Alufolie abdecken.
Nach dem Backen aus dem Ofen nehmen und mit Orangensaft übergießen.
Vor dem Servieren mit Kuvertüre oder Puderzucker überziehen und mit Glitterzucker bestreuen.

Schwierigkeitsgrad: ❷ | Zubereitungszeit: 35 Min. plus Ziehzeit für die Trockenfrüchte | Backzeit: 60 Min. | Backtemperatur: 160–180 °C | Zubehör: 6 Kaffeebecher

Gefüllte Datteln im Blätterteig

250 g frische Datteln
100 g Marzipan
50 g Puderzucker
½ EL Zitronensaft
1 Packung Blätterteig

Außerdem
50 g zerlassene vegane Margarine
zum Einstreichen
Puderzucker zum Bestreuen

Datteln der Länge nach aufschneiden, aber nicht durchschneiden. Die Kerne entfernen und die Datteln etwas
aufklappen. Marzipan mit Puderzucker und Zitronensaft
zu einer glatten Masse verkneten. Blätterteig in 2 cm
breite Streifen schneiden. Die Länge der Streifen hängt
von der Größe der Datteln ab. Die Datteln mit der
Mandelmasse füllen, mit Blätterteig knapp ummanteln,
auf ein mit Backpapier belegtes Blech legen und mit
zerlassener Margarine einstreichen. Die Datteln
im vorgeheizten Ofen bei 180 °C ca. 20 Minuten goldbraun backen und dann mit Puderzucker bestreuen.

Schwierigkeitsgrad: **1** | Zubereitungszeit: 20 Min. |
Backzeit: 20 Min. | Backtemperatur: 180°C, 2. Schiene

Dies ist ein etwas aufwendigeres Pralinenrezept, das sich aber lohnt. Goldstaub findet man in gut sortierten Back-abteilungen von Supermärkten. Wer keinen Goldstaub bekommt oder ihn sich nicht leisten möchte, lässt ihn einfach weg. Aber ab und an sollte man auch den Gaumen und die Seele mit etwas Schönem verwöhnen.

Goldstaubtrüffel

150 g vegane Schlagcreme
150 g Zartbitterschokolade
120 g Reismilchschokolade
20 g Kokosbutter
Mark einer Vanilleschote
abgeriebene Schale ½ Orange

Außerdem
200 g dunkle Kuvertüre
5 g Goldstaub

Beide Schokoladen am besten grob raspeln. Schlagcreme und Kokosbutter zum Kochen bringen.
In die heiße Schlagcreme Vanillemark, Orangenschale und die geraspelten Schokolade hineingeben und darin auflösen lassen. Die Masse kalt stellen und hin und wieder umrühren. Die Masse mithilfe eines Handrührgerätes aufschlagen und wieder kalt stellen. Wenn die Masse fest geworden ist, daraus ca. 2 cm große Kugeln formen. Die dunkle Kuvertüre schmelzen lassen und temperieren. Die Kugeln mithilfe einer Pralinengabel in die temperierte Kuvertüre eintauchen, abtropfen und auf Backpapier auskühlen lassen. Die Trüffel mit Goldstaub bepinseln und in Pralinenkapseln setzen.

Schwierigkeitsgrad: ❷ | Zubereitungszeit: 25 Min. plus Kühlzeit | Zubehör: Pralinengabel, Pralinenkapseln

Diese Pralinenmasse ist sehr wandlungsfähig. Ersetzen Sie den Jasmintee einfach durch Grünen Tee, oder ergänzen Sie das Rezept um etwas geriebenen Ingwer.

Jasminteetrüffel

300 g Zartbitterschokolade
220 g Hafer Cuisine
100 g Reismilchschokolade
4 Beutel Jasmintee
abgeriebene Schale ½ Limette

Beide Schokoladen fein hacken und Hafer Cuisine zum Kochen bringen. Teebeutel in die kochende Hafer Cuisine geben und ca. 5 Minuten ziehen lassen. Die Beutel gut ausdrücken und entfernen. Limettenschale zur Hafer Cuisine geben und erneut aufkochen. Gehackte Schokolade unter ständigem Rühren in der heißen Hafer Cuisine auflösen. Pralinenförmchen vorbereiten, die Schokolademasse einfüllen und aushärten lassen.

Schwierigkeitsgrad: **❶** | Zubereitungszeit: 15 Min. |
Zubehör: Alupralinenförmchen, ø 22 mm, Höhe 16 mm

Kärntner Zuckerreinkerl

Für den Teig
500 g helles Weizenmehl
260 ml Sojadrink
60 g vegane Margarine
30 g Rohrzucker
21 g Hefe
1 TL Vanillezucker
abgeriebene Schale einer Zitrone
1 Prise Salz

Für die Füllung
150 g gelber Zucker oder
brauner Rohrzucker
2 TL Zimt

Außerdem
zerlassene vegane Margarine
zum Einfetten
Zucker zum Ausstreuen
der Formen
Wasser zum Bestreichen
des Teigs

Sojadrink etwas erwärmen und Zucker sowie Hefe darin auflösen. Die Hefe ca. 10 Minuten gehen lassen. Mehl mit Zitronenschale, Vanillezucker und Salz mischen. Dann die Hefe zum Mehl geben und mit der Margarine in der Küchenmaschine zu einem glatten Teig verarbeiten. Der Teig sollte so lange geknetet werden, bis er Blasen wirft. Den Teig anschließend auf einer bemehlten Arbeitsfläche zu einer Kugel formen, diese in eine am Boden bemehlte Schüssel legen. Die Schüssel mit Frischhaltefolie zudecken und ca. 40 Minuten an einem warmen Ort gehen lassen. In der Zwischenzeit Dariolformen kräftig mit zerlassener Margarine einfetten und mit Zucker ausstreuen. Am besten in die erste Form 2 EL Zucker geben, die Form schräg halten und drehen. Den überschüssigen Zucker in die nächste Form geben und den Vorgang wiederholen. Für die Füllung den gelben Zucker mit Zimt mischen. Den Hefeteig noch einmal durchkneten und halbieren. Den Teig auf einer bemehlten Arbeitsfläche ca. 1 cm dick ausrollen. Dann mit warmen Wasser einstreichen und kräftig mit der Zimt-Zucker-Mischung bestreuen. Den Teig wie einen Strudel einrollen und je nach Höhe der Dariolformen in Stücke schneiden. Der Teig sollte die Formen zu zwei Drittel ausfüllen. Mit der zweiten Teighälfte gleich verfahren. Die Formen mit einem Tuch zudecken und den Teig weitere 20 Minuten gehen lassen. Die Zuckerreinkerl im vorgeheizten Ofen bei 180 °C ca. 35 Minuten backen. Nach dem Backen aus der Form stürzen und am besten noch lauwarm genießen.

Schwierigkeitsgrad: ❷ | Zubereitungszeit: 35 Min. plus Teigruhe | Backzeit: 35 Min. | Backtemperatur: 180 °C, 2. Schiene | Zubehör: Dariolformen, ø 10 cm

Karottenkuchen mit Zitronenglasur

Für den Teig
350 g Dinkelmehl
350 g Sojajoghurt
300 g Rohrohrzucker
170 ml Rapsöl
140 g geriebene Karotten
100 ml kohlensäurehaltiges
Mineralwasser
10 g Weinsteinbackpulver
6 g Natron
1 EL Apfelessig
1 TL Zimt
½ TL Vanillepulver
1 Prise Salz

Für die Zitronenglasur
150 g Puderzucker
4 EL Zitronensaft
2 EL kochendes Wasser

Außerdem
100 g Marmelade aus
roten Johannisbeeren
6–8 Marzipankarotten

Mehl mit Zucker, Backpulver, Natron, Vanillepulver, Zimt und Salz mischen. Karottenstreifen unterheben. Sojajoghurt mit Mineralwasser und Öl in einem Gefäß verquirlen. Das Gemisch unter das Mehl rühren, sodass eine homogene Masse entsteht. Ein Blech mit Backpapier auslegen und einen ausziehbaren Backrand darauf platzieren. Den Teig darin gleichmäßig hoch verteilen und im vorgeheizten Ofen bei 170 °C ca. 45 Minuten backen. Den Karottenkuchen auf einem Kuchengitter auskühlen lassen.

Für die Glasur Zitronensaft mit Puderzucker und Wasser verrühren, sodass eine zähflüssige Glasur entsteht. Eventuell etwas mehr Zucker verwenden.

Den erkalteten Kuchen in Stücke schneiden. Die Marmelade etwas erwärmen und glatt rühren. Die Kuchenstücke damit dünn bestreichen, mit der Zitronenglasur überziehen und mit Marzipankarotten garnieren.

Schwierigkeitsgrad: ❷ | Zubereitungszeit: 30 Min. |
Backzeit: 45 Min. | Backtemperatur: 170°C, 2. Schiene |
Zubehör: Kuchengitter, ausziehbarer Backrand

Kirschtörtchen

Für den Schokoladenbiskuit

230 ml kohlensäurehaltiges
Mineralwasser
220 g helles Weizenmehl
90 g Puderzucker
40 ml Rapsöl
20 g Kakaopulver
6 g Weinsteinbackpulver
1 TL Vanillezucker
1 Prise Salz

Für die Kirschcreme

200 g Kirschen
200 ml vegane Schlagcreme
150 g Seidentofu
150 g Puderzucker
½ TL frisch geriebener Ingwer
4 g Agar-Agar

Für die Geleeschicht

150 ml Kirschsaft
80 g Kirschen
20 g Apfeldicksaft
15 g Vanillepuddingpulver

Mehl mit Backpulver, Puderzucker und Kakao in eine Rührschüssel sieben. Vanillezucker und Salz dazugeben und mit Mineralwasser und Rapsöl zu einen homogenen Teig verarbeiten. Den Teig ca. 1 cm dick auf ein mit Backpapier belegtes Blech aufstreichen. Im vorgeheizten Ofen bei 170°C ca. 25 Minuten backen und dann auskühlen lassen.

Die Kirschen für die Creme entkernen und mit dem Puderzucker fein mixen. Die Hälfte der passierten Kirschen mit Agar-Agar in einem kleinen Topf ca. 5 Minuten auf kleiner Flamme köcheln lassen. Seidentofu und Ingwer mit dem Stabmixer unter die kalten Kirschen rühren. Die heißen Kirschen danach unter die Kirsch-Tofu-Masse rühren. Die vegane Schlagcreme aufschlagen und ebenfalls unterheben.

Aus dem Schokoladenbiskuit mit Dessertringen die Böden der Törtchen ausstechen und diese auf mit Backpapier belegte Teller stellen. Die Kirschcreme in die Dessertringe einfüllen.

Die Kirschen für die Geleeschicht entkernen und gleichmäßig auf die Dessertringe verteilen. Vom Kirschsaft ca. ein Drittel abnehmen und mit dem Vanillepuddingpulver glatt rühren. Restlichen Kirschsaft in einem kleinen Topf aufkochen lassen. Puddingpulver und Apfeldicksaft in den kochenden Kirschsaft einlaufen lassen und alles noch einmal aufkochen. Das Gelee etwas abkühlen lassen und danach über die Kirschen in die Dessertringe gießen. Das Gelee darf nicht mehr so heiß sein, weil sonst die Creme schmilzt. Es sollte gerade beginnen, fest zu werden.

Die Törtchen dann mindestens 4 Stunden kalt stellen, aus den Dessertringen schneiden und servieren.

Schwierigkeitsgrad: ❸ | Zubereitungszeit: 30 Min. plus Kühlzeit | Backzeit: 25 Min. | Backtemperatur: 170°C, 2. Schiene | Zubehör: 6–8 Dessertringe, ø 8 cm

Wer keine Struktur-
matte besitzt, kann den Fondant einfach auf einer leicht mit
Puderzucker bestreuten Arbeitsfläche
ausrollen. Wem es zu aufwendig ist,
jedes Kuchenstück extra mit Fondant zu
belegen, kann die Torte auch einfach
in einem Tortenring backen und sie im
Ganzen ummanteln. Mit Rollfondant
lässt sich jeder Kuchen schnell und
dekorativ verzieren.

Kleine Geburtstagstörtchen

Für den Boden

220 ml kohlensäurehaltiges
Mineralwasser
200 g helles Weizenmehl
100 g Feinkristallzucker
70 ml Rapsöl
20 g Maisstärke
8 g Weinsteinbackpulver
abgeriebene Schale einer Zitrone
½ TL Vanillepulver
1 Prise Salz

Für die Füllung

250 ml Haferdrink
150 g zimmerwarme vegane
Margarine
60 g Marmelade aus roten
Johannisbeeren
40 g Feinkristallzucker
½ Packung Vanillepuddingpulver

Außerdem

250 g hellrosa Rollfondant
vegane Schlagcreme zum Garnieren

Mehl mit Stärke und Backpulver versieben. Zucker, Vanillepulver, Zitronenschale und Salz untermischen. Alles mit Mineralwasser und Rapsöl zu einem glatten Teig verrühren. Ein Blech mit Backpapier auslegen und einen Backrahmen darauf platzieren. Den Teig in den Backrahmen füllen und im vorgeheizten Ofen bei 170 °C ca. 30 Minuten backen. Nach dem Auskühlen den Biskuit ein Mal horizontal in der Mitte halbieren. Vom Haferdrink 5–6 EL abschöpfen und mit Puddingpulver glatt rühren. Den restlichen Haferdrink in einem kleinen Topf mit dem Zucker aufkochen lassen und das Puddingpulver einrühren. Alles 2–3 Minuten köcheln lassen, danach vom Herd nehmen und abkühlen lassen. Dann den Pudding mit einem Stabmixer fein passieren. Die Margarine schaumig aufschlagen und unter den Pudding rühren.

Den Backrahmen auf ein mit Backpapier belegtes Tablett stellen. Einen Kuchenboden dünn mit glatt gerührter Marmelade einstreichen und in den Backrahmen legen. Die Puddingcreme gleichmäßig darauf verteilen und den zweiten Boden darauflegen.

Den Kuchen 3–4 Stunden kalt stellen und danach in gleich große Stücke teilen. Rollfondant durchkneten, auf einer Strukturmatte ausrollen, in passende Stücke schneiden. Diese über die Kuchenstücke legen und leicht glatt streichen.

Vor dem Servieren der Törtchen diese am Rand mit etwas veganer Schlagcreme garnieren.

Schwierigkeitsgrad: ❷ | Zubereitungszeit: 30 Min. |
Backzeit: 30 Min. | Backtemperatur: 170 °C, 2. Schiene |
Zubehör: Backrahmen, ca. 19 × 26 cm, Strukturmatte

Kokoskuss

250 g Kokosraspel
200 g klein gehackte
Reismilchschokolade
130 g vegane Schlagcreme
oder Hafer Cuisine
50 g Kokosbutter
4 EL Ahornsirup oder
Agavendicksaft
abgeriebene Schale ½ Orange
1 Prise Salz

Außerdem
Kokosraspel zum Wälzen

Schlagcreme mit Kokosbutter und Orangenschale in einem Topf erwärmen. Darin die Schokolade schmelzen lassen. Kokosraspel und Ahornsirup unterrühren und eventuell mit Salz abrunden.

Durch das Salz schmecken die Kokosküsse einfach viel runder. Die Masse erkalten lassen und anschließend zu kleinen Kugeln formen. Die Kugeln in Kokosraspeln wälzen und genießen.

Schwierigkeitsgrad: ❶ | Zubereitungszeit: 20 Min.

Einige Geheimnisse
rund ums Krapfenbacken:
Zum Ausbacken der Krapfen sollten
Sie nur hochwertiges Fett verwenden.
Sie essen es ja schließlich mit!
Das Fett sollte geschmacksneutral sein.
Am besten eignet sich Kokosfett. Wer auf
Regionalität Wert legt, sollte zum
Ausbacken Raps- oder Sonnen-
blumenöl verwenden.

Krapfen

Für die 10 – 12 Krapfen
300 g helles Weizenmehl
100 ml Haferdrink
70 g vegane Margarine
40 g Feinkristallzucker
30 g Hefe
1 TL Vanillezucker
abgeriebene Schale ½ Zitrone
1 Prise Salz

Außerdem
Pflanzenöl zum Ausbacken
Mehl für die Arbeitsfläche
ca. 120 g Marillenmarmelade oder
Aprikosenmarmelade
Puderzucker zum Bestreuen

Wie kriegt man das mit dem weißen Rand nur hin?
Achten Sie darauf, dass der Teig gut gegangen ist, bereits eine leichte Haut gebildet und sich sein Volumen mindestens verdoppelt hat. Beim Ausbacken der Krapfen kommt zuerst die Oberseite der Krapfen ins Fett. Dann verschließen Sie den Topf sofort mit einem Deckel. Heben Sie den Deckel erst nach ca. 4 Minuten hoch, und wenden Sie die Krapfen. Nun lassen Sie sie ohne Deckel in ca. 4 Minuten fertig backen. Achten Sie darauf, dass das Fett nicht zu heiß ist.

Mehl in eine Schüssel sieben und in der Mitte des Mehls eine Vertiefung machen. Die Hefe in ca. 3 EL Haferdrink auflösen, in die Vertiefung geben und mit ein bisschen Mehl mithilfe eines Löffelstiels zu einem dickflüssigen Vorteig verarbeiten. Diesen mit etwas Mehl bestauben, mit einem Tuch bedecken und an einem warmen Ort ca. 15 Minuten gehen lassen. Das Volumen sollte sich in der Zeit deutlich vergrößern. Margarine in einem Topf schmelzen lassen, vom Herd nehmen und den restlichen Haferdrink dazugeben. Zucker, Vanillezucker, Salz und Zitronenschale hinzufügen. Haferdrinkmischung zum Vorteig geben und alles zu einem glatten Teig verarbeiten. Den Teig am besten in der Küchenmaschine so lange kneten, bis er sich vom Rand löst. Dann ist der Teig besonders luftig. Den Teig zudecken und ca. 1 Stunde ruhen lassen. Danach auf einer bemehlten Arbeitsfläche noch einmal kurz durchkneten und zu einer Rolle formen. Ca. 25 g schwere Teigstücke davon abstechen, diese kräftig schleifen und zu Kugeln formen. Die Teiglinge mit Mehl bestauben, leicht flach drücken, zudecken und noch einmal gehen lassen, bis sich das Volumen verdoppelt hat.

Fett in einer tiefen Pfanne erhitzen und die Teiglinge auf beiden Seiten goldgelb ausbacken. Nach dem Backen auf Küchenkrepp abtropfen lassen. Die Marmelade glatt rühren und mithilfe eines Spritzbeutels mit Krapfentülle in die Krapfen spritzen. Anschließend mit Puderzucker bestreuen.

Schwierigkeitsgrad: ❷ | Zubereitungszeit: 35 Min. plus Teigruhe | Fetttemperatur: 160 – 170 °C | Zubehör: Spritzbeutel mit Krapfentülle

Maronimousse-Törtchen

Für den Schokoladenboden
240 ml kohlensäurehaltiges
Mineralwasser
200 g helles Weizenmehl
80 g Feinkristallzucker
30 ml Rapsöl
20 g Kakaopulver
7 g Weinsteinbackpulver
2 TL Apfelessig
1 TL Vanillezucker
1 Prise Salz

Für das Maronimousse
400 ml vegane Schlagcreme
250 g Maronipüree
70 g fein gehackte Zartbitterschokolade
1 TL Vanillezucker
2 g Agar-Agar

Außerdem
200 g dunkle Kuvertüre
80 g Maronipüree zum Garnieren
Belegkirschen

Für die Tortenböden Mehl, Kakao, Backpulver, Zucker, Vanillezucker und Salz in einer Rührschüssel mischen. Mit Mineralwasser, Öl und Apfelessig zu einem homogenen Teig verarbeiten. Diesen ca. 1 cm hoch auf ein mit Backpapier belegtes Blech aufstreichen und im vorgeheizten Ofen bei 180 °C ca. 30–35 Minuten backen. Danach auskühlen lassen.

Für das Maronimousse 100 ml Schlagcreme mit Agar-Agar und Vanillezucker zum Kochen bringen und ca. 5 Minuten auf kleiner Flamme köcheln lassen. Die Schokolade darin auflösen und abkühlen lassen. Das Maronipüree mit der Schokomasse glatt rühren. Die restliche Schlagcreme aufschlagen. Ein Drittel davon unter die Maroni-Schoko-Masse heben, anschließend die restliche aufgeschlagene Schlagcreme unterrühren.

Tortenböden mithilfe von Dessertringen ausstechen. Für jedes Törtchen werden zwei Böden gebraucht. Die Dessertringe auf eine Platte mit Butterpapier setzen und je eine Biskuitscheibe pro Dessertring hineinlegen. Das Maronimousse auf die Dessertringe verteilen und jeweils mit einer Biskuitscheibe belegen und diese fest andrücken. Die Törtchen ca. 1 Stunde kalt stellen und dann mithilfe eines kleinen, dünnen Messers aus den Dessertringen schneiden und auf ein Glasiergitter stellen. Die Kuvertüre schmelzen lassen und temperieren. Die Törtchen mit Kuvertüre überziehen und diese aushärten lassen.

Das Maronipüree zum Garnieren durch eine Kartoffelpresse oder ein grobmaschiges Sieb drücken, auf die Törtchen geben und pro Törtchen mit einer Belegkirsche garnieren.

Schwierigkeitsgrad: ❷ | Zubereitungszeit: 45 Min. plus Kühlzeit | Backzeit: 30–35 Min. | Backtemperatur: 180°C, 2. Schiene | Zubehör: Dessertringe, ø 8 cm, Glasiergitter

Matcha ist ein zu sehr feinem Pulver gemahlener Grüner Tee. Das Pulver findet auch in der japanischen Teezeremonie Verwendung. Sein Geschmack ist je nach Sorte leicht süßlich bis herb. Durch die intensive grüne Farbe eignet es sich auch ideal für die süße Küche.

Matchapralinen

Für ca. 25 Stück
300 g weiße Kuvertüre
200 g Biskuit (siehe S. 58)
70 ml vegane Schlagcreme
40 g geriebene Mandeln
9 g Matchapulver
½ TL frisch geriebener Ingwer

Biskuit am besten im Mixer fein zerbröseln. Dann Mandeln und Ingwer dazugeben. Die Schlagcreme etwas erwärmen und 6 g Matchapulver darin klumpenfrei auflösen. Alles zum Biskuit geben und gut durchkneten. Sollte die Masse zu feucht sein, etwas mehr Mandeln dazugeben. Aus dieser Masse Kugeln von ca. 2–3 cm Durchmesser formen und diese ca. 1 Stunde kalt stellen. 250 g Kuvertüre über dem Wasserbad schmelzen lassen und 3 g Matchapulver darin klumpenfrei auflösen.
Die Kugeln mit einem Pralinenheber durch die Kuvertüre ziehen, gut abtropfen lassen und auf Backpapier setzen. Die restliche Kuvertüre schmelzen lassen und in einen Einwegspritzbeutel oder eine Papiertüte füllen. Von der Spitze der Tüte gerade so viel wegschneiden, dass ein kleines Loch entsteht. Mit der Kuvertüre Streifen über die grünen Pralinen ziehen. Die Kuvertüre anziehen lassen.

Schwierigkeitsgrad: ❶ | Zubereitungszeit: 40 Min. plus Kühlzeit | Zubehör: runde Pralinengabel, Spritzbeutel

Punschkrapfen

Für ca. 8 Stück

Für den Biskuiteig
240 ml kohlensäurehaltiges
Mineralwasser
190 g helles Weizenmehl
80 g Feinkristallzucker
30 g Rapsöl
20 g Speisestärke
8 g Weinsteinbackpulver
1 EL Vanillezucker
2 TL Apfelessig
abgeriebene Schale einer Zitrone
1 Prise Salz

Für die Füllung
400 g Marillenmarmelade oder
Aprikosenmarmelade
40 g Kakaopulver
20 ml Orangensaft
½ TL abgeriebene Orangenschale

Für die Glasur
200 g Puderzucker
3–5 EL Orangensaft
rosa Lebensmittelfarbe

Außerdem
60 g dunkle Kuvertüre
kandierte Kirschen zum Verzieren

Mehl, Speisestärke, Zucker, Vanillezucker, Backpulver, Zitronenschale und Salz mischen. Mit dem Schneebesen Mineralwasser, Öl und Apfelessig einrühren. Ein Blech mit Backpapier auslegen und die Biskuitmasse ca. 1 cm hoch darauf aufstreichen. Alles im vorgeheizten Ofen bei 190 °C 20–25 Minuten backen. Den Biskuit überkühlen lassen, dann das Backpapier abziehen und aus dem Biskuit zwei ca. 10 x 30 cm große Streifen schneiden. Den restlichen Biskuit zur Seite stellen. Für die Glasur Puderzucker mit Orangensaft zu einer dickflüssigen Masse verrühren. Den Orangensaft langsam und löffelweise zum Zucker hinzugeben, bis die Glasur die gewünschte Konsistenz hat. Danach die Glasur mit Lebensmittelfarbe einfärben. Den restlichen Biskuit kräftig mit 300 g Marmelade, Kakao, Orangenschale und Orangensaft zur Punschmasse kneten. Die zwei Biskuitstreifen dünn mit der restlichen Marillenmarmelade bestreichen. Auf einen Streifen die Punschmasse auftragen und den zweiten Biskuitstreifen mit der Marmeladenseite auf die Punschmasse legen. Die Punschschnitte in acht gleich große Würfel schneiden. Diese auf ein Glasiergitter setzen und mit der Glasur überziehen.
Die Kuvertüre im Wasserbad schmelzen lassen und mithilfe eines Spritzbeutels dünne Fäden über die Punschkrapfen ziehen. Eventuell noch mit kandierten Kirschen belegen.

Schwierigkeitsgrad: ❷ | Zubereitungszeit: 40 Min. |
Backzeit: 20–25 Min. | Backtemperatur: 190°C, 2. Schiene |
Zubehör: Glasiergitter, Spritzbeutel

Safran-Savarin mit Gewürzpflaumen

Für den Savarinteig
250 g helles Weizenmehl
200 ml Sojadrink
80 g zimmerwarme vegane
Margarine
50 g Puderzucker
25 g Hefe
Schale einer Zitrone
1 Packung Safranfäden
1 Prise Salz

Für den Sirup
450 ml Wasser
220 g Feinkristallzucker
200 ml Orangensaft
Saft einer Zitrone
2 TL Rosenwasser
abgeriebene Schale ½ Orange

Für die Gewürzpflaumen
200 g Pflaumen
200 ml Apfelsaft
40 g Feinkristallzucker
6 Nelken
1 Zimtstange

Außerdem
200 ml vegane Schlagcreme
4 EL gehackte Pistazien

Hefe im lauwarmen Sojadrink auflösen, Safranfäden dazugeben und alles ca. 10 Minuten gehen lassen. Mehl mit Puderzucker, Zitronenschale und Salz mischen. Die Hefe-Sojadrink-Mischung unter das Mehl rühren. Margarine von der Küchenmaschine in den Teig einarbeiten lassen. Den Teig mit Frischhaltefolie abdecken und ca. 15 Minuten gehen lassen.
Pflaumen entkernen und vierteln. Zucker in einem Topf hellgelb karamellisieren lassen und dann mit Apfelsaft ablöschen. Nelken und Zimtstange dazugeben und aufkochen lassen, bis sich der Karamell aufgelöst hat. Pflaumen unterrühren und ca. 5 Minuten mitköcheln lassen. Die Sauce bei Bedarf eventuell mit etwas Maisstärke binden. Nelken und Zimtstange vor dem Servieren entfernen.
Für den Sirup alle Zutaten in einen Topf geben, aufkochen lassen und auf kleiner Flamme ca. 5 Minuten köcheln lassen. Savarinformen mit etwas Margarine bestreichen und den Teig mithilfe eines Spritzbeutels mit einer Lochtülle in die Formen geben. Zugedeckt an einem warmen Ort ca. 30 Minuten gehen lassen. Dann die Savarins im vorgeheizten Ofen bei 180 °C ca. 30 Minuten goldbraun backen.
Aus dem Ofen nehmen und etwas überkühlen lassen. Die Savarins aus den Formen stürzen und mehrmals in den Sirup eintauchen. Die Gewürzpflaumen auf Teller anrichten und die Savarins darauflegen. Etwas vegane Schlagcreme aufschlagen und mithilfe eines Spritzbeutels auf die Savarins geben. Mit etwas gehackten Pistazien garnieren.

Schwierigkeitsgrad: ❷ | Zubereitungszeit: 40 Min. plus Teigruhe | Backzeit: 30 Min. | Backtemperatur: 180 °C, 2. Schiene | Zubehör: 10 Savarinformen, ø 8 cm, Spritzbeutel mit Lochtülle

Wer kein Muffinblech besitzt,
kann die Masse auch in witzige,
aber hitzebeständige Kaffeetassen
oder Glasbecher füllen und darin
backen. Ein Bändchen um die
Tasse, und schon sieht ein
Muffin optisch viel hoch-
wertiger aus.

Schokoladenmuffins

Für ca. 12 Muffins
220 ml Sojadrink
180 g helles Weizenmehl
180 g Feinkristallzucker
80 g Zartbitterschokolade
80 ml Rapsöl
50 g Kakaopulver
8 g Weinsteinbackpulver
2 TL Vanillezucker
2 TL Apfelessig
1 Prise Salz

Für die Schokoladencreme
150 g fein geriebene oder gehackte
Zartbitterschokolade
150 g vegane Schlagcreme
1 TL Vanillezucker

Außerdem
Schokoraspel und silberne Zuckerperlen zum Verzieren

Sojadrink gut mit Apfelessig verrühren und ca. 10 Minuten stehen lassen. Mehl, Zucker, Backpulver und Kakao versieben und in eine Rührschüssel geben. Vanillezucker und Salz dazugeben. Mit einem Handrührgerät oder einem Schneebesen den Sojadrink und das Öl unter das Mehl arbeiten. Eine homogene Masse soll entstehen. Zartbitterschokolade grob raspeln und unter den Teig rühren. Ein Muffinblech mit Papierförmchen auslegen und den Teig gleichmäßig auf die Formen verteilen. Muffins im vorgeheizten Ofen bei 180°C 25–30 Minuten backen. Nadelprobe machen. Die Muffins nach dem Backen mindestens 1 Stunde auskühlen lassen.

Für das Topping die Schlagcreme aufkochen und über die Schokolade geben. Vanillezucker dazugeben und alles verrühren, bis sich die Schokolade vollständig aufgelöst hat. Die Schlagcreme kalt stellen und vollständig erkalten lassen. Danach mit dem Handrührgerät aufschlagen. Die Schokoladencreme mithilfe eines Spritzbeutels auf die Muffins spritzen und mit Schokoladenraspeln und Zuckerperlen garnieren.

Schwierigkeitsgrad: ❷ | Zubereitungszeit: 30 Min. plus Auskühlzeit | Backzeit: 25–30 Min. | Backtemperatur: 180°C, 2. Schiene | Zubehör: Muffinblech, Förmchen aus Papier, Spritzbeutel

Die Creme lässt sich mit vielen verschieden- en Beeren herstellen. Je nach verwendeter Schlagcreme und der gewünschten Haltbarkeit können Sie auf das Sahnesteif verzichten. Probie- ren Sie einmal beim Zubereiten, wie süß die Schlagcreme bereits ist.

Schokoladenomeletts mit Himbeercremefüllung

Für 4 Omeletts

150 ml kohlensäurehaltiges Mineralwasser

120 g helles Weizenmehl

50 g Feinkristallzucker

20 g Rapsöl

10 g Kakaopulver

4 g Weinsteinbackpulver

1 TL Apfelessig

1 Prise Salz

Für die Himbeercreme

200 g Himbeeren

200 ml vegane Schlagcreme

130 g Vanillepudding

20 g Puderzucker

2 EL Apfelsüße

1 Päckchen Sahnesteif

1 TL Zitronensaft

1 TL Vanillezucker

Außerdem

Himbeeren zum Garnieren

Puderzucker zum Bestreuen

Mehl mit Kakao und Backpulver versieben und in einer Rührschüssel mit Zucker, Salz, Mineralwasser, Apfelessig und Öl zu einem homogenen Teig verarbeiten. Ein Blech mit Backpapier belegen, 4 EL des Teigs auf das Backpapier geben und zu einem Kreis ausstreichen. Auf diese Weise je nach gewünschter Größe 4–6 Omeletts herstellen. Diese im vorgeheizten Ofen bei 180 °C 15–20 Minuten backen. Sofort vom Backpapier lösen und vorsichtig zusammenklappen. Einen Kochlöffelstiel zwischen die zusammengeklappten Omeletts legen und die Omeletts auskühlen lassen.

Himbeeren etwas zerkleinern, Puderzucker dazugeben und mit einem Stabmixer pürieren. Das Himbeermark durch ein Sieb streichen. Vanillepudding mit dem Himbeermark glatt rühren. Schlagcreme mit Sahnesteif aufschlagen. Pudding, Zitronensaft und Vanillezucker unterheben. Eventuell mit Apfelsüße nachsüßen. Die Himbeercreme in einen Spritzbeutel geben und damit die Omeletts befüllen.

Die Omeletts mit einigen frischen Himbeeren garnieren und mit Puderzucker bestreuen.

Schwierigkeitsgrad: ❷ | Zubereitungszeit: 35 Min. | Backzeit: 15–20 Min. | Backtemperatur: 180 °C, 2. Schiene | Zubehör: Spritzbeutel mit großer Sterntülle

Dies ist ein schnelles und einfaches Rezept für einen Müsli-riegel und eine tolle Alternative zu gekauften Produkten. Und es ist absolut wandlungsfähig. Sie können die Zutaten zum Beispiel mit Kürbis-kernen ergänzen oder die Riegel mit Schokolade überziehen. Hier können sogar Backanfänger kaum etwas falsch machen.

Selbst gemachte Müsliriegel

150 g feine Haferflocken oder
die Lieblingsmüslimischung
100 g Apfelsüße
100 g Haferkleie
50 g getrocknete Cranberry
50 g getrocknete Gojibeeren
50 g gepoppter Amaranth
50 g Kokosraspel
40 ml Rapsöl
20 g Hafermehl
1 Prise Zimt
1 Prise Salz

Zuerst alle trockenen Zutaten mischen. Anschließend Rapsöl und Apfelsüße in einem Topf leicht erwärmen und unter die Müslimischung rühren. Eine flache Backform mit Backpapier auslegen und die Müslimasse darauf verteilen. Alles mithilfe einer feuchten Teigkarte fest andrücken. Die Masse sollte ca. 1 cm hoch sein. Die Müslimischung im vorgeheizten Ofen bei 170 °C ca. 20 Minuten backen. Die Masse erkalten lassen und anschließend die Müsliriegel mit einem scharfen Messer in die gewünschte Größe schneiden.

Schwierigkeitsgrad: **①** | Zubereitungszeit: 10 Min. |
Backzeit: 20 Min. | Backtemperatur: 170°C |
Zubehör: flache Backform

Wozu so ein banales Rezept in diesem Buch? Ganz einfach: Mit diesem Rezept möchte ich Anfänger dazu ermutigen, sich ein wenig mit dem Thema Schokolade und der richtigen Verarbeitung von Schokolade auseinanderzusetzen, um das Vertrauen in die eigenen Fähigkeiten zu stärken und Bedenken vor dem Umgang mit Schokolade abzubauen. Auf diese Weise üben Sie sich darin, Schokolade richtig zu temperieren und können außerdem Ihre Lieblingsschokolade kostengünstig herstellen.

Selbst gemachte Schokoladentafeln

500 g Kuvertüre Ihrer Wahl
6 EL Nüsse Ihrer Wahl
5 EL getrocknete Cranberrys
1 EL Chilischotenstreifen

Kuvertüre schmelzen lassen, temperieren und in Schokoladenformen oder auf ein mit Backpapier belegtes Blech gießen. Je nach Lust und Laune mit Nüssen, Trockenfürchten oder Chili garnieren.

Es gibt unterschiedliche Methoden, Kuvertüre für die Verarbeitung vorzubereiten.
Der Fachbegriff lautet »temperieren«. Aber warum muss Schokolade temperiert werden? Kurz gesagt hängt dies mit den Fettsäuren der Kakaobutter zusammen, die bei unterschiedlichen Temperaturen auskristallisieren. Wird Schokolade nicht richtig temperiert, ist das Ergebnis meist sehr unerfreulich. Dann können sich weiße, unansehnliche Streifen bilden oder die Schokolade kann krümelig werden. Dies hat zwar keinen Einfluss auf den Geschmack, sieht aber einfach nicht schön aus. Auch das Glasieren von Kuchen gelingt dann mehr schlecht als recht.

Die einfachste Art, Kuvertüre zu temperieren, erfolgt nach der sogenannten Impfmethode. Verarbeiten Sie die Kuvertüre immer bei Zimmertemperatur. Dabei werden zwei Drittel der Kuvertüre klein gehackt oder geraspelt und in einer Metallschüssel im Wasserbad geschmolzen. Die Schokolade sollte hier eine Temperatur von 45–50 °C haben. Sobald alles geschmolzen ist, nehmen Sie die Kuvertüre aus dem Wasserbad und geben das letzte Drittel der Schokolade unter ständigem Rühren dazu. Durch leichtes Nachwärmen der Schokolade wird eine Verarbeitungstemperatur von 30–32 °C erreicht. Das Wasser sollte auf keinen Fall kochen, damit die Schokolade nicht zu heiß wird. Auf diese Weise erhält die Schokolade ihren schönen Glanz. Wer möchte, kann ein Thermometer zu Hilfe nehmen. In der Regel hat man es aber relativ rasch raus, wann die Schokolade die richtige Verarbeitungstemperatur erreicht hat. Probieren Sie es einfach einige Mal aus. Wenn die Kuvertüre richtig temperiert wurde, zieht die Schokolade sehr rasch an und die Oberfläche wird innerhalb von 5 Minuten fest. Falsch temperierte Kuvertüre hingegen braucht sehr lange, um fest zu werden. Das vollständige Aushärten der Kuvertüre dauert jedoch mehrere Stunden.

Schwierigkeitsgrad: ❶ | Zubereitungszeit: 20 Min. plus Auskühlzeit

Kuchen & Torten

Dieses Rezept bietet Ihnen eine Alternative zu gekauftem Strudelteig. Glauben Sie mir: Selbst gemachter Strudelteig schmeckt einfach um vieles besser. Es gibt jedoch einiges zu beachten, damit er auch gelingt und nicht beim Ausziehen reißt. Am wichtigsten ist es, dem Teig Zeit zum Ruhen zu geben.

Legen Sie jede Art von Schmuck ab, und verwenden Sie zum Ausziehen des Teigs ausschließlich die Handrücken. Wenn es Ihnen nicht gelingt, den Teig auszuziehen, kann es daran liegen, dass der Teig zu hart ist. Sie brauchen schon ein wenig Gefühl beim Kneten. Zuerst sieht es meist so aus, als hätte der Teig zu wenig Wasser. Doch seien Sie sparsam mit dem Dazugeben.

Apfel-Rhabarber-Strudel

Für den Strudelteig
200 g helles Weizenmehl
10 ml Wasser
1 EL Rapsöl
1 TL Apfelessig
1 Prise Salz

Für die Füllung
600 g geschälter Rhabarber
400 g geschälte Äpfel
200 g Puderzucker
100 g Feinkristallzucker
100 g geriebene Haselnüsse
50 g Semmelbrösel
50 g vegane Margarine
1 TL Vanillezucker
1 TL Zimt

Außerdem
4 EL Rapsöl zum Bestreichen
3 EL flüssige vegane Margarine
zum Bestreichen
Puderzucker zum Bestreuen

Schwierigkeitsgrad: ❷
Zubereitungszeit: 35 Min. plus
Teigruhe
Backzeit: 30 Min.
Backtemperatur: 180°C,
2. Schiene

Für den Strudelteig das Mehl auf eine Arbeitsplatte sieben. In der Mitte des Mehls eine Vertiefung machen und Wasser, Rapsöl, Apfelessig und Salz hineingeben. Nun alles mit dem Mehl vermengen, bis ein glatter Teig entstanden ist. Den Teig so lange kneten, bis er sich von der Arbeitsplatte löst. Dann in einen Suppenteller oder auf ein bemehltes Brett legen, mit Öl bestreichen, mit Frischhaltefolie bedecken und ca. 2 Stunden ruhen lassen.

Rhabarberstangen in 2 cm große Stücke schneiden. Diese mit dem Zucker marinieren und ca. 15 Minuten ziehen lassen. Durch das Marinieren verliert der Rhabarber überschüssiges Wasser, das dann abgegossen wird. Äpfel vierteln, entkernen und in feine Blätter schneiden. Äpfel und den abgegossenen Rhabarber vermischen. Margarine in einer Pfanne schmelzen. Dann die Semmelbrösel und Haselnüsse darin goldbraun rösten. Puderzucker, Zitronenschale, Vanillezucker und Zimt unterrühren. Die Masse ebenfalls zum Rhabarber geben.

Den Strudelteig auf einem bemehlten Geschirrtuch leicht mit einem Nudelholz ausrollen. Den Teig noch einmal mit etwas Öl bestreichen und anschließend über die Handrücken hinweg dünn ausziehen.

Die dickeren Ränder, die entstehen, einfach mit dem Messer wegschneiden. Die vorderen zwei Drittel des Teigs mit der Füllung bestreuen. Restlichen Teig mit zerlassener Margarine bestreichen. Strudelteigränder seitlich über die Füllung schlagen, den Strudel einrollen und mithilfe des Tuchs auf ein mit Backpapier belegtes Blech legen. Den Strudel mit zerlassener Margarine bestreichen und im vorgeheizten Ofen bei 180 °C ca. 30 Minuten backen.

Nach dem Auskühlen den Strudel mit Puderzucker bestreuen und portionieren. Dazu passt hervorragend etwas vegane Schlagcreme mit ein wenig Zimt und einigen Mandelblättchen.

Apfelstreuselkuchen

500 g säuerliche Äpfel
200 g zimmerwarme
vegane Margarine
200 g helles Weizenmehl
170 g Rohrohrzucker
150 g geriebene Mandeln
40 g gehobelte Mandeln
12 g Maisstärke
4 g Weinsteinbackpulver
1 TL Zimt
Saft einer Zitrone

Außerdem
vegane Margarine zum Einfetten
Puderzucker zum Bestreuen

Äpfel schälen, vierteln, entkernen und in feine Blätter schneiden. Diese in einer Schüssel mit Zitronensaft und 20 g Zucker mischen.
Weiche Margarine in Würfel schneiden und mit dem restlichen Zucker, Mehl, Mandeln, Zimt und Backpulver in eine Schüssel geben. Mithilfe einer Küchenmaschine zu Bröseln verarbeiten. Danach mit den Händen zu groben Streuseln verkneten. Eine Springform einfetten und drei Viertel der Streusel auf dem Boden der Springform verteilen und gut festdrücken. Gehobelte Mandeln gleichmäßig darauf verteilen und die Maisstärke darübersieben. Dann die Apfelstücke auf dem Teig verteilen und die restlichen Streusel als oberste Schicht auf den Kuchen geben. Den Streuselkuchen im vorgeheizten Ofen bei 180 °C 45–50 Minuten backen und dann auf einem Kuchengitter erkalten lassen. Mit einem Messer den Apfelkuchen vom Rand der Form lösen und die Springform entfernen. Den Kuchen mit Puderzucker bestreuen und in Stücke schneiden.

Zu einem leckeren Stück Apfelstreuselkuchen passt hervorragend vegane Schlagcreme mit etwas Zimt und Zucker.

Schwierigkeitsgrad: ❷ | Zubereitungszeit: 30 Min. |
Backzeit: 45–50 Min. | Backtemperatur: 180°C, 2. Schiene |
Zubehör: Springform, ø 24 cm

Wenn Sie keinen verstellbaren Backrahmen besitzen, können Sie auch eine passende Auflaufform verwenden. Die Bananen-Schoko-Schnitten sehen dann nicht ganz so exakt aus, schmecken aber trotzdem genauso gut. Durch das Eintauchen des Messers in heißes Wasser bricht die Schokoladenglasur nicht beim Schneiden und das Schnittbild ist schöner.

Bananen-Schoko-Schnitte

Für den Schokoladenbiskuit
310 ml kohlensäurehaltiges
Mineralwasser
270 g helles Weizenmehl
180 g Feinkristallzucker
50 ml Rapsöl
30 g Speisestärke
30 g Kakaopulver
10 g Weinsteinbackpulver
½ TL Vanillepulver
1 Msp. Natron
1 Prise Salz

Für die Bananencreme
400 g Vanillepudding
200 ml vegane Schlagcreme
2 Bananen
50 g Puderzucker

Außerdem
3 – 4 Bananen zum Belegen
200 g Schokoladenglasur
(siehe S. 133)

Mehl, Speisestärke, Natron, Kakao- und Backpulver
in eine Schüssel sieben. Zucker, Salz und Vanillepulver
dazugeben und mit Öl und Mineralwasser zu einem
homogenen Teig verarbeiten. Ein Blech mit Backpapier
belegen und den Teig mithilfe einer Teigkarte gleichmäßig darauf verstreichen. Den Biskuitteig im vorgeheizten Ofen bei 170 °C ca. 30 Minuten backen, dann
auskühlen lassen.

Bananen und Vanillepudding mithilfe eines Stabmixers
fein pürieren. Die vegane Schlagcreme aufschlagen und
unter die Bananenmasse heben.

Den Biskuitboden halbieren, eine Hälfte in einen verstellbaren Backrahmen legen und diesen an den Boden
anpassen. Bananen zum Belegen halbieren und auf den
Biskuitboden legen. Die Creme fast komplett darauf
verteilen und mit der zweiten Biskuithälfte belegen. Die
Schnitte noch einmal mit einer dünnen Schicht Bana-
nencreme bestreichen.

Die Schokoladenglasur temperieren, über die Bananen-
schnitte gießen und fest werden lassen. Ein Messer in
heißes Wasser tauchen und die Bananen-Schoko-Schnitte portionieren.

Schwierigkeitsgrad: ❷ | Zubereitungszeit: 35 Min. |
Backzeit: 30 Min. | Backtemperatur: 170°C, 2. Schiene |
Zubehör: Backrahmen

Beerentorte

Für den Teig
200 g helles Weizenmehl
190 ml kohlensäurehaltiges
Mineralwasser
90 g Feinkristallzucker
70 g Rapsöl
30 g fein geriebene Mandeln
12 g Weinsteinbackpulver
1 TL Vanillezucker
abgeriebene Schale ½ Orange
1 Prise Salz

Für den Belag
300 g gemischte Beeren
150 ml vegane Schlagcreme
125 ml Wasser
125 ml Erdbeersirup
1 Tüte klarer veganer Tortenguss
½ TL Vanillepulver

Außerdem
vegane Margarine zum Einfetten
Mehl zum Ausstauben

Mehl mit Backpulver versieben. Mandeln, Zucker, Vanillezucker, Orangenschale und Salz unter das Mehl mischen. Mineralwasser und Rapsöl mit einem Handrührgerät unter das Mehl rühren. Den Teig in eine mit Margarine ausgestrichene und mit Mehl ausgestaubte Obstkuchenform füllen. Den Teig gleichmäßig verteilen und glatt streichen.
Den Boden im vorgeheizten Ofen bei 180 °C ca. 35 Minuten backen, aus der Form stürzen und auf einem Kuchengitter auskühlen lassen. Schlagcreme recht fest aufschlagen, Vanillepulver unterheben und gleichmäßig hoch auf den Tortenboden streichen. Die Beeren darauf verteilen. Tortenguss mit Wasser und Erdbeersirup herstellen und über die Beeren geben.

Schwierigkeitsgrad: ❷ | Zubereitungszeit: 30 Min. | Backzeit: 35 Min. | Backtemperatur: 180 °C, 2. Schiene | Zubehör: Obstkuchenform

Birnentarte

Für den Teig

200 g Dinkelmehl
100 g vegane Margarine
70 g Rohrohrzucker
30 ml Sojadrink
1 Päckchen Vanillezucker
1 Msp. Weinsteinbackpulver
1 Prise Salz

Für den Belag

400 g Birnen
140 ml Kokosmilch
20 g Rohrohrzucker
10 g Vanillepuddingpulver
Saft einer Zitrone

Außerdem

vegane Margarine zum Einfetten
Mehl zum Ausstauben
Puderzucker zum Bestreuen

Dinkelmehl, Margarine, Zucker, Sojadrink, Vanillezucker, Backpulver und Salz zu einem glatten Teig verarbeiten. Den Teig in Frischhaltefolie schlagen und im Kühlschrank ca. 1 Stunde ruhen lassen.

Für den Belag Kokosmilch mit Rohrzucker und Vanillepuddingpulver glatt rühren und einmal kurz aufkochen lassen.

Die Birnen schälen, entkernen, in feine Blätter schneiden und diese mit Zitronensaft beträufeln. Zwei Drittel des Teigs auf einer bemehlten Arbeitsfläche ausrollen und eine gefette, mit Mehl ausgestaubte Springform damit auslegen. Aus dem restlichen Teig eine Rolle formen und damit den Rand der Springform ca. 2–3 cm hoch auskleiden.

Den Teig im vorgeheizten Ofen bei 200 °C ca. 10 Minuten vorbacken. Dann den Belag auf den Teig streichen und die Birnenstücke darauf verteilen. Die Tarte bei ca. 180 °C weitere 25 Minuten fertig backen. Tarte vor dem Servieren mit Puderzucker bestreuen.

Schwierigkeitsgrad: ❷ | Zubereitungszeit: 35 Min. plus Teigruhe | Backzeit: 35–40 Min. | Backtemperatur: 180–200 °C, 2. Schiene | Zubehör: Springform, ø 26 cm

Blaubeerkuchen

260 g helles Weizenmehl
200 g Blaubeeren
140 g Feinkristallzucker
100 g zimmerwarme vegane
Margarine
100 ml Sojadrink
60 ml Soja Cuisine
40 g geriebene Mandeln
6 g Weinsteinbackpulver
1 TL Vanillezucker
abgeriebene Schale einer Zitrone
1 Msp. Natron
1 Prise Salz

Außerdem
Puderzucker zum Bestreuen
zerlassene vegane Margarine
für die Form

2 EL Zucker für die Blaubeeren zur Seite stellen. Margarine mit dem Zucker und Vanillezucker schaumig rühren. Mehl mit Backpulver und Natron versieben und mit Mandeln, Zitronenschale und Salz unter die Margarine rühren. Danach Sojadrink und Soja Cuisine unter den Teig rühren. Einen Tortenring dünn mit flüssiger Margarine bestreichen und auf ein mit Backpapier belegtes Blech setzen. Den Teig in den Tortenring einfüllen. Blaubeeren mit Zucker vermischen und auf dem Teig verteilen. Den Blaubeerkuchen im vorgeheizten Ofen bei 170 °C 40–45 Minuten backen. Dann den Kuchen aus dem Ofen nehmen und erkalten lassen. Mit einem Messer vom Rand der Tortenform lösen und mit Puderzucker bestreuen.

Schwierigkeitsgrad: ❷ | Zubereitungszeit: 20 Min. | Backzeit: 40 – 45 Min. | Backtemperatur: 170°C, 2. Schiene | Zubehör: Tortenring, ø 20 cm

Ich liebe Brombeeren, und in diesem Gericht kommt die ganze Schönheit dieser Beere exzellent zur Geltung. Wie bestimmen Sie die nötige Teiggröße für die Form? Ich mache es mir da immer sehr einfach. Ich rolle den Teig aus, stelle die Form darauf und gebe dann per Augenmaß die Randhöhe der Tarteform dazu. Dann schneide ich einfach einen Kreis um die Form.

Brombeertarte

Für den Mürbeteig
250 g helles Weizenmehl
150 g vegane Margarine
70 g Feinkristallzucker
3 EL kaltes Wasser
4 g Weinsteinbackpulver
abgeriebene Schale ½ Zitrone
1 Prise Salz

Für die Brombeeren
400 g Brombeeren
400 g Gelierzucker 1:1
Orangenfilets und Saft einer Orange
abgeriebene Schale einer Orange

Außerdem
50 g gehobelte Mandeln
15 g Maisstärke
vegane Margarine zum Ausfetten
Mehl zum Ausstauben
zerlassene vegane Margarine zum
Einstreichen

Mehl mit Backpulver versieben. Mehl, Zucker, Zitronenschale, Salz, Wasser und klein gewürfelte Margarine mit dem Handrührgerät rasch zu einem glatten Teig verarbeiten. Den Teig in Frischhaltefolie einschlagen und ca. 1 Stunde kalt stellen.

Brombeeren, Orangenfilets, Orangensaft, Gelierzucker und Orangenschale in einem Topf vermischen und ca. 30 Minuten ziehen lassen. Die Brombeeren einmal aufkochen und auf kleiner Flamme ca. 5 Minuten köcheln lassen. Dann abkühlen lassen.

Eine Tarteform ausfetten und mit Mehl ausstauben. Den Teig auf einer bemehlten Arbeitsfläche ausrollen, zurechtschneiden, in die Tarteform legen und den überschüssigen Teig abschneiden. Den Boden mit den gehobelten Mandeln bestreuen, die Maisstärke darübersieben und die Brombeeren auf den Mandeln verteilen. Den restlichen Teig ausrollen, zu ca. 2 cm breiten Streifen schneiden und diese gitterförmig auf die Brombeeren legen. Mit etwas zerlassener Margarine bestreichen und im vorgeheizten Ofen bei 190 °C ca. 45 Minuten backen.

Schwierigkeitsgrad: ❷ | Zubereitungszeit: 40 Min. plus Kühlzeit | Backzeit: 45 Min. | Backtemperatur: 190 °C, 2. Schiene | Zubehör: Tarteform, ø 24 cm

Wandeln Sie dieses Grundrezept nach Ihrem Geschmack ab. Belegen Sie den Teig z.B. einfach mit geschälten und geschnittenen Birnen. Ich esse Brownies am liebsten noch warm, frisch aus dem Ofen. Wenn Sie die Masse in Dariolformen oder in kleine Gläser füllen, können Sie die Brownies als warmen Schokokuchen zum Dessert servieren.

Brownies

300 g helles Weizenmehl
130 ml Sojadrink
130 ml Ahornsirup
120 g grob gehackte Nüsse
Ihrer Wahl
100 g Kakaopulver
100 ml Rapsöl
100 g Zartbitterschokolade
80 g Feinkristallzucker
10 g Weinsteinbackpulver
½ TL Vanillepulver
1 Prise Salz

Zartbitterschokolade grob raspeln und zur Seite stellen. Mehl, Nüsse, Kakao, Zucker, Backpulver, Vanillepulver und Salz mischen. In einem Becher Sojadrink, Ahornsirup und Rapsöl einmal kurz mit einem Stabmixer aufmixen. Die Soja-Öl-Mischung vorsichtig mit dem Schneebesen unter das Mehl rühren. Eine homogene Masse sollte entstehen. Zum Schluss die Schokoladenraspel unterheben und die Masse in eine mit Backpapier ausgelegt Backform füllen. Den Brownieteig im vorgeheizten Ofen bei 170°C 20–25 Minuten backen. Auskühlen lassen und in Stücke schneiden. Brownies sollte innen noch leicht cremig sein und nicht zu trocken gebacken werden.

Schwierigkeitsgrad: ❶ | Zubereitungszeit: 15 Min. |
Backzeit: 20–25 Min. | Backtemperatur: 170°C, 2. Schiene |
Zubehör: Backform, ca. 20 x 25 cm

Haben Sie sich schon einmal gefragt, wie ein so schöner Schnitt durch eine Cremeschnitte gelingt? Ganz einfach: Das zweite Stück Blätterteig wird in Stücke geschnitten, bevor es auf die Creme gelegt wird. Dadurch kann man ohne großen Druck durch die Creme bis auf den zweiten Boden schneiden.

Je nach verwendeter veganer Schlagcreme benötigen Sie eventuell noch 1–2 EL Zucker, damit die Cremeschnitte süß genug ist. Bei den meisten Schlagcremesorten können Sie auch auf das Agar-Agar verzichten oder zumindest die Menge halbieren, weil sich die Produkte sehr fest aufschlagen lassen.

Cremeschnitte

500 ml Vanillesojadrink
280 g Blätterteig
220 ml vegane Schlagcreme
90 g Feinkristallzucker
80 g Speisestärke
6 g Agar-Agar
Mark einer Vanilleschote

Außerdem
Puderzucker zum Bestreuen

Blätterteig in der Mitte so halbieren, dass zwei gleich große Teile entstehen. Diese auf ein mit Backpapier belegtes Blech legen und mit einer Gabel mehrmals leicht einstechen. Im vorgeheizten Ofen bei 180 °C 10 – 15 Minuten goldgelb backen und danach auskühlen lassen.

Vom Sojadrink ein Drittel abschöpfen und die Speisestärke darin glatt rühren. Zucker mit Agar-Agar und Vanillemark in einem Topf vermischen. Den restlichen Sojadrink langsam unter ständigem Rühren zum Zucker geben und aufkochen lassen. Alles ca. 2 Minuten köcheln lassen und mit der Speisestärke binden. Danach weitere 5 Minuten auf kleiner Flamme kochen lassen. Die Puddingmasse auskühlen lassen, bis sie lauwarm ist, und anschließend mit einem Stabmixer glatt pürieren.

Die Schlagcreme aufschlagen und unter die erkaltete Puddingmasse heben. Einen Bätterteigboden auf ein mit Backpapier belegtes Tablett legen. Einen Backrahmen um den Boden platzieren, Die Creme gleichmäßig auf den Blätterteig streichen. Das zweite Stück Blätterteig auf die Creme legen und die Cremeschnitte kurz vor dem Servieren mit Puderzucker bestreuen.

Schwierigkeitsgrad: ❷ | Zubereitungszeit: 35 Min. |
Backzeit: 10 – 15 Min. | Backtemperatur: 180°C, 2. Schiene

Die einfachste Schokoladentorte der Welt

310 g vegane Schlagcreme
280 g dunkle Kuvertüre
6 Karlsbader Waffeln

Außerdem
150 g dunkle Kuvertüre
zum Garnieren
Puderzucker zum
Bestreuen

Für die Creme die Kuvertüre reiben oder grob hacken. Die Schlagcreme erwärmen und die Kuvertüre einrühren. Alles unter ständigem Rühren kurz aufkochen lassen. Die Schokoladencreme am besten über Nacht kalt stellen, denn sie muss vollständig durchkühlen. Erst danach aufschlagen. Die Kuvertüre zum Garnieren schmelzen lassen und temperieren und danach sehr dünn auf ein mit Backpapier belegtes Blech aufstreichen. Die Kuvertüre erkalten lassen. Als Boden der Schokoladentorte eine Karlsbader Waffel auf einen runden Tortenkarton legen.

Die aufgeschlagene Creme aufstreichen, eine weitere Waffel auf die Creme legen und wieder eine Schicht Creme aufstreichen. Den Vorgang so lange wiederholen, bis die Waffeln aufgebraucht sind. Die oberste Schicht der Torte sollte aus Creme bestehen. Die erkaltete Kuvertüre in Stücke brechen und in die Creme stecken. Die Torte eventuell noch mit Puderzucker bestreuen und rasch genießen, weil sonst die Waffeln zu sehr aufweichen.

Schwierigkeitsgrad: **1** | Zubereitungszeit: 15 Min. plus Auskühlzeit | Zubehör: Tortenkarton, ø 28 cm

Feigenkuchen

200 g Einkornmehl
200 ml kohlensäurehaltiges
Mineralwasser
6 – 8 Feigen
80 g Rapsöl
70 g Feinkristallzucker
50 g gehobelte Mandeln
20 g Weinsteinbackpulver
12 g Weinsteinbackpulver
abgeriebene Schale ½ Zitrone
½ TL Vanillepulver
1 Prise Salz

Außerdem
Puderzucker zum Bestreuen
vegane Margarine für die Form
Mehl zum Ausstauben

Mehl mit Backpulver versieben. Zucker, Mandeln, Zitronenschale, Vanillepulver und Salz mit dem Mehl vermengen. Mineralwasser und Öl unter das Mehl rühren. Eine Auflaufform ausfetten und ausstauben und die Masse einfüllen. Die Feigen in je drei Scheiben schneiden, auf dem Kuchen verteilen und mit etwas Puderzucker bestreuen. Den Feigenkuchen im vorgeheizten Ofen bei 170 °C ca. 40 Minuten backen.

Nach dem Backen mit Puderzucker bestreuen und am besten noch lauwarm genießen.

Schwierigkeitsgrad: ❶ | Zubereitungszeit: 15 Min. | Backzeit: 40 Min. | Backtemperatur: 170 °C, 2. Schiene | Zuberhör: Auflaufform, ca. 20 x 30 cm

In kleinen Portionsförmchen gebacken, eignet sich dieser Kuchen ideal als warmer Nachtisch, wenn Sie Gäste haben. Bereiten Sie den Kuchen einfach vor, und backen Sie ihn, während die Hauptspeise genossen wird. Servieren Sie ihn am besten mit etwas frisch geschlagener Kokossahne mit einigen Tropfen Erdbeersirup und etwas frischer Zitronenmelisse.

Gebackener Erdbeerkuchen

500 g Erdbeeren
250 g zimmerwarme vegane
Margarine
250 g Rohrohrzucker
250 g Einkornmehl
140 g Apfelmus
6 g Weinsteinbackpulver
1 TL frisch geriebener Ingwer
½ TL Vanillepulver
1 Prise Salz

Außerdem
etwas zerlassene vegane
Margarine für die Form
Mehl zum Ausstauben
Puderzucker zum Bestreuen

Margarine schaumig rühren. Zucker, Apfelmus, Ingwer, Vanillepulver und Salz unterrühren. Mehl mit Backpulver versieben und unter die Margarine rühren. Eine Auflaufform ausfetten und mit Mehl ausstauben. Den Teig einfüllen und glatt streichen. Erdbeeren halbieren und auf dem Teig verteilen. Den Kuchen im vorgeheizten Ofen bei 180 °C ca. 40 Minuten backen. Danach aus dem Ofen nehmen und mit Puderzucker bestreuen.

Schwierigkeitsgrad: ❶ | Zubereitungszeit: 20 Min. |
Backzeit: 40 Min. | Backtemperatur: 180 °C, 2. Schiene |
Zubehör: Auflaufform, ø 25 cm

Blattgold bekommt
man in gut sortierten Back-
shops und im Bastelbedarf. Ich
hatte beim Verzieren der Torte Hilfe
von einer Vergolderwerkstatt, die mir
spontan und unkompliziert die Torte
vergoldet hat. An dieser Stelle:
Vielen Dank an die
Vergolderwerkstatt Hell
in Großgmain.

Goldtorte

400 ml kohlensäurehaltiges Mineralwasser
320 g helles Weizenmehl
110 g Feinkristallzucker
60 g Kakaopulver
60 ml Rapsöl
5 g Weinsteinbackpulver
5 g Natron
Mark einer Vanilleschote
4 Kardamomkapseln
1 Prise Salz

Außerdem
350 ml vegane Schlagcreme
150 g Marmelade aus schwarzen Johannisbeeren
4 EL Holundersirup
2 TL Sahnesteif
10 – 15 Blätter Blattgold

Mehl mit Kakaopulver, Backpulver und Natron sieben. Zucker, Vanillemark und Salz unterrühren. Kardamomsamen aus den Kapseln nehmen, im Mörser frisch reiben und zum Mehl geben. Mineralwasser, Öl und Mehl mithilfe eines Schneebesens zu einem glatten Teig rühren. Einen Tortenring auf ein mit Backpapier belegtes Blech legen und den Teig einfüllen. Den Teig im vorgeheizten Ofen bei 180 °C ca. 30 Minuten backen. Auskühlen lassen und aus dem Tortenring schneiden. Schlagcreme mit Sahnesteif aufschlagen und Holundersirup unterrühren. Marmelade etwas erwärmen und glatt rühren. Den gebackenen Teig zwei Mal horizontal durchschneiden und alle Böden mit Marmelade bestreichen. Auf den ersten Boden dann ca. 1 cm hoch Schlagcreme aufstreichen und einen zweiten Boden darauflegen. Erneut 1 cm hoch Schlagcreme aufstreichen und den letzten Boden darauflegen.
Die Torte mit der restlichen Schlagcreme oben fingerdick und am Rand etwa 5 mm dick bestreichen und ca. 1 Stunde kalt stellen. Nach dem Kühlen die Tortenränder mit den Blattgold belegen.

Schwierigkeitsgrad: ❸ | Zubereitungszeit: 40 Minuten plus Auskühlzeit | Backzeit: 30 Min. | Backtemperatur: 180 °C | Zubehör: Tortenring, ø 25 cm

Himbeer-Mohn-Torte

Für den Teig

240 ml kohlensäurehaltiges
Mineralwasser
220 g helles Weizenmehl
110 g Feinkristallzucker
50 g geriebener Mohn
40 g Rapsöl
7 g Weinsteinbackpulver
1 TL Vanillezucker
abgeriebene Schale ½ Zitrone
1 Prise Salz

Für die Himbeercreme

220 g Himbeeren
200 ml vegane Schlagcreme
100 g Puderzucker
1 EL Zitronensaft
3 g Guarkernmehl
1 Msp. Vanillepulver

Außerdem

8 grüne Marzipanblätter
8 Himbeeren

Mehl und Backpulver miteinander versieben und in eine Rührschüssel geben. Zucker, Mohn, Vanillezucker, Salz und Zitronenschale dazugeben. Mit einem Schneebesen Mineralwasser und Öl einarbeiten. Ein Blech mit Backpapier auslegen, den Tortenring mit Backpapier umwickeln, auf das Blech legen und den Teig einfüllen. Den Tortenboden im vorgeheizten Ofen bei ca. 170 °C 35 – 40 Minuten backen. Nadelprobe machen.

Den Tortenboden auf einem Kuchengitter auskühlen lassen. Den Boden aus dem Ring schneiden und eventuell oben gerade schneiden. Den Tortenring reinigen, auf einen Tortenkarton stellen und den Boden wieder hineinlegen. Die Form eng anliegend wieder verschließen.

Für die Himbeercreme die Schlagcreme aufschlagen. Himbeeren mit Puderzucker und Zitronensaft mit einem Stabmixer fein pürieren und durch ein feines Sieb streichen. Das Himbeermark mit der Schlagcreme verrühren. Guarkernmehl darübersieben und unterrühren. Himbeercreme auf dem Tortenboden verteilen und glatt streichen. Die Torte 5 – 6 Stunden kalt stellen. Anschließend mit einem Messer aus dem Tortenring schneiden und mit Marzipanblättern und Himbeeren dekorieren.

Schwierigkeitsgrad: ❷ | Zubereitungszeit: 35 Min. plus Auskühlzeit | Backzeit: 35 – 40 Min. | Backtemperatur: 170 °C | Zubehör: Tortenring, ø 20 cm

Wer Guarkernmehl zu
Hause hat, kann anstatt Sahnesteif ½ TL Guarkernmehl zum Binden
der Creme verwenden. Sieben Sie es
einfach über die Creme, und rühren Sie es
unter. Ich finde es zum Binden in der veganen
Küche einfach großartig, denn es eignet sich
sowohl für Salatdressings als auch für Desserts.
Außerdem bindet es kalt, was für viele An-
wendungen einfach toll ist.

Himbeercremeschnitte

Für den Biskuitboden

280 ml kohlensäurehaltiges
Mineralwasser
240 g helles Weizenmehl
100 g Feinkristallzucker
40 g Rapsöl
12 g Weinsteinbackpulver
2 TL Apfelessig
abgeriebene Schale ½ Zitrone
1 Prise Salz

Für die Himbeercreme

300 ml vegane Schlagcreme
250 g Himbeeren
100 g Puderzucker
2 Päckchen Sahnesteif
1 Päckchen Vanillezucker
Saft einer Zitrone

Außerdem

200 g Himbeeren
100 g Himbeermarmelade
1 Päckchen veganer,
roter Tortenguss

Mehl und Backpulver in eine Rührschüssel sieben. Zucker, Zitronenschale und Salz dazugeben. Mineralwasser, Öl und Apfelessig unterrühren, bis ein glatter homogener Teig entstanden ist. Ein Blech mit Backpapier belegen. Die Biskuitmasse ca. 5 mm hoch aufstreichen und im vorgeheizten Ofen bei 170 °C ca. 25 Minuten backen. Danach auskühlen lassen. Himbeeren mit Puderzucker, Zitronensaft und Vanillezucker pürieren und durch ein Sieb streichen. Schlagcreme mit Sahnesteif aufschlagen und das Himbeermark unterheben.

Den Biskuitboden in drei gleich große Streifen schneiden. Einen Boden dünn mit Himbeermarmelade bestreichen, einen zweiten Boden darauflegen. Eine ausziehbare Backform an den Boden anpassen, die Himbeercreme aufstreichen und mit dem Biskuitboden belegen. Tortenguss zubereiten, die Himbeeren auf dem Kuchen verteilen und mit dem Tortenguss bedecken.

Schwierigkeitsgrad: ❷ | Zubereitungszeit: 35 Min. plus Auskühlzeit | Backzeit: 25 Min. | Backtemperatur: 170 °C, 2. Schiene | Zubehör: Backrahmen

Der Name »Reindling« kommt von »Rein«. So nennt man in Kärnten eine Schüssel oder einen Topf zum Backen oder Kochen. Carobpulver ist auch als Bockshörndlmehl bekannt. Es wird aus den Früchten des Johannisbrotbaums hergestellt, ist ballaststoffreich, enthält kaum Fett, jedoch sehr viele Mineralstoffe wie Calcium und Eisen, Vitamin A und B sowie sekundäre Pflanzenstoffe. Geschmacklich erinnert es an Kakaopulver.

Kärntner Reindling

Für den Teig
500 g helles Weizenmehl
270 ml Sojadrink oder Haferdrink
50 g vegane Margarine
50 g Feinkristallzucker
21 g Hefe
1 Prise Salz

Für die Füllung
150 g gelber Zucker
130 g geriebene Haselnüsse
120 g Rosinen
100 g vegane Margarine
50 g Carobpulver
2 EL Zimt

Außerdem
200 g dunkle Kuvertüre
50 g Haselnusskrokant
vegane Margarine zum Einfetten
Mehl zum Ausstauben

Hefe und Zucker im Sojadrink auflösen und ca. 15 Minuten gehen lassen. Mehl mit Salz mischen. Margarine und Hefe-Sojadrink-Mischung zum Mehl geben und alles in der Küchenmaschine zu einem glatten Teig verarbeiten. Für die Füllung Haselnüsse mit Zimt, Zucker und Carobpulver mischen. Margarine schmelzen lassen. Den Hefeteig rechteckig ca. 2 cm hoch ausrollen und mit zerlassener Margarine einstreichen. Dann die Nussmischung gleichmäßig darauf verteilen, Rosinen darüberstreuen. Den Teig wie einen Strudel zusammenrollen und schneckenförmig in eine befettete und bemehlte Springform geben. Den Reindling zudecken und ca. 30 Minuten gehen lassen. Dann den Teig mit Wasser bestreichen und in den kalten Ofen stellen. Den Ofen auf 180 °C anheizen und den Reindling ca. 50 Minuten backen. Während des Backens ein bis zwei Mal mit Wasser bestreichen. Auskühlen lassen.

Die Kuvertüre im Wasserbad temperieren und über den Reindling begießen. Mit Haselnusskrokant bestreuen.

Schwierigkeitsgrad: ❷ | Zubereitungszeit: 35 Min. plus Teigruhe | Backzeit: 50 Min. | Backtemperatur: 180 °C | Zubehör: Tortenspringform, ø 25 cm, oder Alugusskochtopf

Kirschstrudel

Für den Mürbeteig

450 g helles Weizenmehl
300 g vegane Margarine
150 g Puderzucker
70 ml Sojadrink
1 TL Vanillezucker
abgeriebene Schale ½ Zitrone
1 Prise Salz

Für die Kirschfüllung

1000 g entkernte Kirschen
100 g Semmelbrösel
100 g geriebene Haselnüsse
100 g Kristallzucker
80 g vegane Margarine
abgeriebene Schale ½ Zitrone

Außerdem

Puderzucker zum Bestreuen
3 EL zerlassene vegane Margarine
zum Bestreichen

Für den Mürbeteig Mehl mit klein geschnittener Margarine, Puderzucker, Vanillezucker, Zitronenschale, Sojadrink und Salz rasch zu einem geschmeidigen Teig verkneten. Den Mürbeteig in Frischhaltefolie einwickeln und mindestens 1 Stunde im Kühlschrank ruhen lassen.

Für die Füllung die Margarine in einer Pfanne schmelzen lassen und die Brösel sowie die Nüsse darin goldbraun rösten. Alles vom Herd nehmen und Zucker sowie Zitronenschale unterrühren. Danach die Füllung überkühlen lassen und mit den Kirschen mischen.

Den Mürbeteig auf einer bemehlten Arbeitsfläche ca. 4–5 mm dick und rechteckig ausrollen. Zwei ca. 5 mm breite Streifen von der langen Seite des Teigs abschneiden und zur Seite legen. Die Kirschfüllung im vorderen Drittel des Teiges verteilen und den Teig vorsichtig über die Füllung schlagen. Den Strudel auf ein mit Backpapier belegtes Blech legen und mit etwas zerlassener Margarine bestreichen. Die zwei Teigstreifen wellenförmig und entgegengesetzt auf dem Strudel anrichten und ebenfalls mit Margarine einstreichen. Mithilfe einer Gabel mehrere Löcher in den Mürbeteig stechen.

Den Strudel im vorgeheizten Ofen bei 180°C ca. 40 Minuten goldbraun backen und nach dem Auskühlen mit Puderzucker bestreuen.

Schwierigkeitsgrad: ❷ | Zubereitungszeit: 35 Min. plus Teigruhe | Backzeit: 40 Min. | Backtemperatur: 180°C, 2. Schiene

Kürbiskern-Zitronen-Topfkuchen

250 g helles Weizenmehl
200 ml Sojadrink
100 g eingeweichte Rosinen
80 g gehackte Kürbiskerne
80 g gehackte Haselnüsse
80 g zimmerwarme vegane
Margarine
50 g Puderzucker
25 g Hefe
abgeriebene Schale einer Zitrone
1 Packung Safranfäden
1 Prise Salz

Sojadrink auf 30 °C erwärmen und die Safranfäden darin ca. 5 Minuten ziehen lassen. Hefe im Sojadrink auflösen. Mehl, Puderzucker, Salz und Zitronenschale vermischen. Sojadrink und Margarine zum Mehl geben und in der Küchenmaschine zu einem glatten Teig verarbeiten. Kürbiskerne, Haselnüsse und Rosinen unterheben und den Teig ca. 30 Minuten gehen lassen. Den Teig anschließend in gefettete Tontöpfe füllen und in den kalten Ofen stellen. Den Ofen auf 170 °C einschalten und die Kuchen ca. 40 Minuten backen. Zur Sicherheit Nadelprobe machen. Nach dem Backen aus dem Ofen nehmen und auskühlen lassen.

Schwierigkeitsgrad: ❷ | Zubereitungszeit: 35 Min. plus Teigruhe | Backzeit: 40 – 45 Min. | Backtemperatur: 170°C, 2. Schiene | Zubehör: 4 Tontöpfe, ø 8 cm

Um Tortenränder mit Nüssen zu dekorieren, schieben Sie am besten einen steifen Tortenkarton unter die Torte und stellen die Torte auf die linke Handfläche. Die gehackten Nüsse oder Schokostreusel füllen Sie in eine Schüssel, in die Sie gut hineingreifen können.

Dann lassen Sie mit der rechten Hand die Nüsse auf den Tortenrand rieseln und drehen dabei die Torte in der linken Hand immer etwas weiter. Die überschüssigen Nüsse lassen Sie in die Schüssel zurückfallen.

Mandarinencremetorte

Für den Tortenboden
370 ml kohlensäurehaltiges
Mineralwasser
350 g helles Weizenmehl
140 g Feinkristallzucker
60 ml Rapsöl
40 g geriebene Mandeln
12 g Weinsteinbackpulver
½ TL Vanillepulver
abgeriebene Schale einer Orange
1 Prise Salz

Für die Mandarinencreme
400 ml Haferdrink
200 ml vegane Schlagcreme
4 Mandarinen
40 g Feinkristallzucker
1 Packung Vanillepuddingpulver
1 Päckchen Sahnesteif

Außerdem
200 ml vegane Schlagcreme
50 g gehackte Pistazien
vegane Margarine zum Einfetten
Mehl zum Ausstauben
Mandarinenspalten zur Dekoration

Mehl mit Backpulver in eine Schüssel sieben. Zucker, Mandeln, Orangenschale, Salz und Vanillepulver dazumischen. Rapsöl und Mineralwasser unter Rühren langsam in die Mehlmischung einarbeiten, bis ein homogener Teig entsteht. Den Teig in einen befetteten und mit Mehl bestaubten Tortenring füllen und im vorgeheizten Ofen bei 170 °C ca. 40 Minuten backen. Dann den Tortenboden auskühlen lassen.

Puddingpulver mit 6 EL Haferdrink glatt rühren. Restlichen Haferdrink mit Zucker aufkochen und das Puddingpulver einrühren. Den Pudding einmal aufkochen und auskühlen lassen. Mandarinen schälen, die weißen Fäden entfernen und die Mandarinen in kleine Stücke schneiden. Vegane Schlagcreme mit Sahnesteif aufschlagen. Den ausgekühlten Vanillepudding mit dem Stabmixer fein passieren. Dann die Mandarinenstücke und die Schlagcreme unterheben.

Den Tortenboden in der Mitte mit einem Sägemesser halbieren, sodass zwei Böden entstehen. Den unteren Tortenboden in einen Tortenring legen und die Mandarinencreme darauf verteilen. Den zweiten Boden darauflegen und etwas andrücken. Nun die Torte im Kühlschrank ca. 5 Stunden durchkühlen lassen.

Vegane Schlagcreme für die Garnitur aufschlagen und ein bisschen Creme in einen Spritzbeutel mit großer Sterntülle füllen. Die gut durchgekühlte Torte mit einem kleinen Messer aus dem Tortenring schneiden. Die Torte komplett mit der restlichen Schlagcreme einstreichen. Mit dem Spritzbeutel einige Schlagcremerosetten auf die Torte dressieren und die Mitte der Torte mit Mandarinenspalten dekorieren. Den Tortenrand und die Rosetten mit gehackten Pistazien bestreuen.

Schwierigkeitsgrad: ❸ | Zubereitungszeit: 40 Min. plus Kühlzeit | Backzeit: 40 Min. | Backtemperatur: 170 °C, 2. Schiene | Zubehör: Tortenring, ø 25 cm, Spritzbeutel mit Sterntülle

*Ich backe meinen Marillen-
kuchen auch gern mit dem Teig
vom schnellem Orangenkuchen
(S. 131). Statt Orangensaft nehme
ich dann Marillennektar und re-
duziere den Zucker um ca. 10 %.
Ich gebe auch noch geriebene
Nüsse zur Masse.*

Marillenkuchen

1000 g Marillen oder Aprikosen
500 g griffiges Weizenmehl
250 g zimmerwarme vegane
Margarine
230 g Feinkristallzucker
160 g Apfelmus
14 g Weinsteinbackpulver
abgeriebene Schale einer Zitrone
2 TL Vanillezucker
1 Prise Salz

Außerdem
100 g Marillenmarmelade
oder Aprikosenmarmelade
zum Bestreichen
Puderzucker zum Bestreuen

Marillen halbieren und Steine entfernen. Zimmerwarme Margarine mit einem Handrührgerät schaumig rühren. Zucker, Vanillezucker, Zitronenschale und Salz unterrühren. Apfelmus löffelweise unter die Margarine rühren. Mehl mit Backpulver versieben, zur Margarine geben und ebenfalls unterrühren. Ein Blech mit Backpapier auslegen und einen Backrahmen daraufsetzen. Den Teig einfüllen und gleichmäßig verstreichen. Die halbierten Marillen mit der Innenseite nach oben auf den Teig legen. Dann den Kuchen im vorgeheizten Ofen bei 180 °C ca. 45 Minuten backen. Nach dem Backen die Marmelade erhitzen, glatt rühren und den Kuchen damit dünn bestreichen. Wer mag, kann den Marillenkuchen noch mit Puderzucker bestreuen.

Schwierigkeitsgrad: ❶ | Zubereitungszeit: 30 Min. |
Backzeit: 45 Min. | Backtemperatur: 180 °C, 2. Schiene |
Zubehör: Backrahmen

Marmorgugelhupf mit weißer Kuvertüre und Haselnusskrokant

360 g helles Weizenmehl
270 g zimmerwarme vegane Margarine
260 g Rohrohrzucker
200 g Sojajoghurt
40 ml Sojadrink
30 g Speisestärke
30 g Kakaopulver
30 g Apfelmus
20 g Puderzucker
5 EL kochendes Wasser
2 TL Vanillezucker
6 g Weinsteinbackpulver
4 g Natron
abgeriebene Schale ½ Zitrone
1 Prise Salz

Außerdem
300 g weiße Kuvertüre
100 g Marmelade aus roten Johannisbeeren
40 g Haselnusskrokant
vegane Margarine zum Einfetten
Mehl zum Ausstauben

Margarine mit Zucker, Vanillezucker, Salz und Zitronenschale mithilfe eines Handrührgerätes sehr schaumig rühren. Sojajoghurt langsam, auf drei bis vier Portionen verteilt, in die Margarine einarbeiten und Apfelmus sowie Sojadrink unterrühren. Mehl, Speisestärke, Backpulver und Natron miteinander versieben und vorsichtig unter die Margarinemasse heben. Eine Gugelhupfform mit zerlassener Margarine einfetten und mit Mehl ausstauben. Zwei Drittel der Teigmasse einfüllen. Kakao mit Puderzucker und kochendem Wasser glatt rühren und mit dem Schneebesen unter die verbleibende Teigmasse rühren. Den dunklen Teig über den hellen Teig in die Backform einfüllen. Mithilfe eines Löffelstiels in rührender Bewegung durch die Kakaomasse fahren, allerdings nicht zu viel. Den Gugelhupf im vorgeheizten Ofen bei 170 °C 45 – 50 Minuten backen. Nadelprobe machen. Nach dem Backen den Gugelhupf ca. 10 Minuten abkühlen lassen, aus der Form stürzen und auf einem Kuchengitter abkühlen lassen.
Die weiße Kuvertüre im Wasserbad schmelzen lassen. Marmelade in einem kleinen Topf unter Rühren etwas erwärmen. Den Gugelhupf mit Marmelade einstreichen, mit der Kuvertüre übergießen und anschließend mit Haselnusskrokant bestreuen.

Schwierigkeitsgrad: ❷ | Zubereitungszeit: 35 Min. plus Auskühlzeit | Backzeit: 45 – 50 Min. | Backtemperatur: 170 °C, 2. Schiene | Zubehör: Gugelhupfform, ø 24 cm

Servieren Sie den Nussstrudel mit einer schönen Tasse Kakao.

Marzipan-Nuss-Strudel

Für den Hefeteig
370 g helles Weizenmehl
150 g zimmerwarme vegane Margarine
140 ml Sojadrink
40 g Puderzucker
30 g Hefe
1 TL Vanillezucker
½ TL grüner, frisch gemahlener Kardamom
abgeriebene Schale einer Zitrone
1 Prise Salz

Für die Füllung
200 g Marzipan
160 g geriebene Haselnüsse
150 ml Mandeldrink
100 g Marmelade aus roten Johannisbeeren
80 g Rohrzucker
60 g süße Brösel oder Semmelbrösel
½ TL Zimt
abgeriebene Schale einer Zitrone

Außerdem
zerlassene vegane Margarine zum Bestreichen

Puderzucker sieben und mit Margarine, Vanillezucker, Zitronenschale, Salz und Kardamom mithilfe eines Schneebesens sehr schaumig rühren. Hefe im Sojadrink auflösen und ca. 10 Minuten gehen lassen. Hefe-Sojadrink-Gemisch langsam unter die Margarine rühren. Das Mehl in die Margarinenmasse einarbeiten. Den Teig so lange kneten, bis er sich vom Schüsselrand löst. Den Teig auf einer bemehlten Arbeitsfläche zu einer Kugel formen und in einer Schüssel zugedeckt ca. 30 Minuten ruhen lassen. In der Zwischenzeit die Nussfüllung vorbereiten. Dazu den Mandeldrink mit Zitronenschale aufkochen, Haselnüsse einrühren und unter ständigem Rühren etwas köcheln lassen. Die Masse vom Herd nehmen und die Brösel unterrühren. Alles überkühlen lassen und Zimt und Zucker unter die Füllung rühren. Marmelade glatt rühren.
Den Hefeteig zu einem Rechteck ausrollen und mit Marmelade bestreichen. Marzipan auf die gleiche Größe ausrollen und auf den Teig legen. Die Nussfüllung gleichmäßig auf das Marzipan streichen. Dann den Strudel einrollen und auf ein mit Backpapier belegtes Blech legen und zugedeckt ca. 30 Minuten gehen lassen. Mit zerlassener Margarine bestreichen und im vorgeheizten Ofen bei 170 °C 40–45 Minuten backen.

Schwierigkeitsgrad: ❷ | Zubereitungszeit: 35 Min. plus Teigruhe | Backzeit: 40–45 Min. | Backtemperatur: 170 °C, 2. Schiene

Wer keine Zitronen-
marmelade bekommt, kann
natürlich jede andere Marmelade
verwenden. Statt der Garnitur
mit Grapefruits können Sie die Törtchen auch mit einer hauchdünnen
Schicht dunkler Kuvertüre überziehen, was beim Anstechen
ein verführerisches Knacken
erzeugt.

Milchreistörtchen mit Grapefruit

Für den Boden

200 ml kohlensäurehaltiges
Mineralwasser
170 g helles Weizenmehl
70 g Feinkristallzucker
30 g Rapsöl
1 TL Apfelessig
4 g Weinsteinbackpulver
1 Prise Salz

Für den Milchreis

600 ml Mandeldrink
150 g Rundkornreis
100 ml vegane Schlagcreme
90 g Feinkristallzucker
3 EL Ahornsirup
2 g Agar-Agar
abgeriebene Schale einer Zitrone
Mark einer Vanilleschote
1 Prise Salz

Außerdem

1 Grapefruit
2 EL Ahornsirup
70 g Zitronenmarmelade

Für den Biskuitboden alle trockenen Zutaten mischen. Mithilfe eines Schneebesens Mineralwasser, Öl und Apfelessig hineinrühren und alles zu einem glatten Teig verarbeiten. Den Teig ca. 1 cm hoch auf ein mit Backpapier belegtes Blech aufstreichen und im vorgeheizten Ofen bei 170 °C ca. 20 Minuten backen. Danach auskühlen lassen.

30–40 ml Mandeldrink für das Agar-Agar zur Seite stellen. Restlichen Mandeldrink mit Vanillemark und Salz aufkochen. Reis dazugeben und auf kleiner Flamme ca. 20 Minuten quellen lassen. Agar-Agar mit dem restlichen Mandeldrink glatt rühren und zum Milchreis geben. Diesen weitere 10 Minuten quellen lassen. Zucker, Ahornsirup und Zitronenschale unterrühren und etwas abkühlen lassen. Die Schlagcreme aufschlagen und unter den Milchreis heben.

Den Biskuit mit den Dessertringen ausstechen, mit Marmelade bestreichen und auf eine Platte mit Backpapier stellen. Den Milchreis in die Dessertringe einfüllen und die Törtchen ca. 2–3 Stunden kalt stellen. Grapefruit filetieren und mit etwas Ahornsirup marinieren.

Die Milchreistörtchen aus der Form schneiden und mit den Grapefruits servieren.

Schwierigkeitsgrad: ❷ | Zubereitungszeit: 45 Min. plus Kühlzeit | Backzeit: 20 Min. | Backtemperatur: 170°C, 2. Schiene | Zubehör: Dessertringe in Herzform

Mispelmoussetorte

Für den Teig
300 g helles Weizenmehl
200 g vegane Margarine
100 g Puderzucker
3 EL Sojadrink
1 TL Vanillezucker
abgeriebene Schale ½ Zitrone
1 Msp. Backpulver
1 Prise Salz

Für den Belag
250 g Mispeln
200 g Seidentofu
150 ml vegane Schlagcreme
3 EL Zitronensaft
3 EL Apfeldicksaft
1 Päckchen Gelier Fix Agar-Agar
¼ TL Vanillepulver

Außerdem
150 g Marzipan

Für das Mispelragout
250 g Mispeln
5 EL Apfeldicksaft
2 EL Zitronensaft
Mark einer Vanilleschote

Schwierigkeitsgrad: ❷
Zubereitungszeit: 40 Min.
plus Kühlzeit
Backzeit: 15 Min.
Backtemperatur: 170°C, 2. Schiene
Zubehör: Tortenring, ø 24 cm

Mehl, Puderzucker, Vanillezucker und Backpulver in eine Schüssel sieben. Die nicht zu kalte Margarine klein würfeln, mit Sojadrink, Zitronenschale und dem Salz zum Mehl geben. Alles mit dem Handrührgerät auf kleinster Stufe kurz kneten. Anschließend mit den Händen rasch zu einem glatten Teig verarbeiten. Den Teig in Frischhaltefolie einschlagen und im Kühlschrank ca. 1 Stunde ruhen lassen. Danach den Teig auf einer bemehlten Arbeitsfläche ca. 5 mm dick ausrollen und den Boden mithilfe des Tortenrings ausstechen. Den Teig mit dem Tortenring auf einem mit Backpapier belegtem Blech bei 170°C ca. 15 Minuten backen und dann auskühlen lassen.

Die Mispeln für den Belag schälen, entkernen und die weißen Häute entfernen. Sofort in eine Schüssel mit Zitronensaft legen und gut vermengen, denn Mispeln verfärben sich sehr rasch. Die Mispeln mit Zitronensaft, Gelier Fix, Apfeldicksaft und Vanillepulver in einem kleinen Topf zum Kochen bringen und auf kleiner Flamme ca. 2 Minuten köcheln lassen. Seidentofu dazugeben, mit einem Stabmixer fein pürieren und abkühlen lassen. Die Schlagcreme aufschlagen und unter die abgekühlte, aber noch nicht gelierte Mispelmasse heben.

Marzipan ausrollen, auf den Mürbteigboden legen und zurechtschneiden. Den Tortenring um den Boden legen und die Mispelmasse einfüllen. Die Torte im Kühlschrank mindestens 6 Stunden durchkühlen lassen.

Für das Mispelragout Mispeln schälen und mit Zitronensaft vermischen. Apfeldicksaft mit 5 EL Wasser aufkochen, Vanillemark dazugeben und in einem kleinen Topf aufkochen. Die Mispeln dazugeben und ca. 5 Minuten auf kleiner Flamme köcheln lassen. Auskühlen lassen.

Die Torte in Stücke schneiden und mit Mispelragout und etwas geschlagener Schlagcreme garnieren.

Ein sehr leichtes Kuchenrezept. Der Teig eignet sich auch für andere Obstkuchen. Tauschen Sie den Orangensaft einfach durch Marillennektar aus, und aprikotieren Sie den Kuchen mit Marillenmarmelade. Um etwas Exotik ins Spiel zu bringen, bestreuen Sie den Kuchen noch mit einigen Kokosraspeln. Nutzen Sie Ihre Fantasie auch beim Garnieren. Sie werden sehen, dieser selbst gebackene Kuchen wird schnell die Herzen Ihrer Familie und Freunde erobern.

Die Kokoscreme kann auch mit Ahornsirup oder anderen alternativen Süßstoffen gesüßt werden. Süßen Sie dann einfach die Kokosmilch damit, schmecken Sie ab, und lassen Sie dann den Zucker weg. Fertig!

Orangenkuchen

Für den Teig
500 ml Orangensaft
350 g Feinkristallzucker
270 g Dinkelmehl
200 ml Rapsöl
190 g helles Weizenmehl
15 g Weinsteinbackpulver
7 g Salz
abgeriebene Schale einer Orange
½ TL Vanillepulver
1 Msp. Natron

Für den Belag
2 Orangen
200 ml Kokosmilch
50 ml Wasser
30 g Feinkristallzucker
15 g Speisestärke
1 Päckchen klarer veganer Tortenguss
1 TL Vanillezucker

Dinkel- und Weizenmehl mischen und mit Backpulver und Natron in eine Schüssel sieben. Dann das Mehl mit Zucker, Orangenschale, Salz, Vanille mischen. Mit einem Schneebesen Orangensaft und Öl so lange unterrühren, bis eine homogene und klumpenfreie Masse entsteht. Den Teig in eine leicht ausgefette, bemehlte Obstkuchenform füllen und im vorgeheizten Ofen bei 180 °C 35 – 40 Minuten backen.

Wasser mit der Speisestärke glatt rühren. Kokosmilch mit Zucker und Vanillezucker zum Kochen bringen und mit der Stärke binden. Die Creme etwas abkühlen lassen und auf dem Kuchen verstreichen. Die Orangen mit einem scharfen Messer schälen und in ca. 3 – 4 mm dicke Scheiben schneiden. Diese auf die Kokoscreme legen. Tortenguss zubereiten und den Kuchen damit begießen.

Schwierigkeitsgrad: ❷ | Zubereitungszeit: 20 Min. plus Kühlzeit | Backzeit: 35 – 40 Minuten | Backtemperatur: 180°C, 2. Schiene | Zubehör: Obstkuchenbackform, ø 28 cm

Dieses Rezept war eigentlich nicht für das Buch vorgesehen, aber als wir für unser Projekt einkaufen gingen, war gerade Ostern. Überall gab es diese Backformen zu kaufen. Meine Fotografin Alexandra wollte sich unbedingt einmal im Verzieren eines Osterhasen versuchen, also beschlossen wir, dieses Rezept mit ins Buch aufzunehmen. Solch ein Osterhase bietet auch eine schöne Art, Kinder ans Backen heranzuführen, indem man sie den Teig machen lässt und sie ihrer Kreativität beim Verzieren freien Lauf lassen können. Der Teig eignet sich auch für alle anderen Backformen.

Osterhase

200 g Dinkelmehl
120 ml Sojadrink
90 g Rohrohrzucker
80 g zimmerwarme vegane
Margarine
30 g geriebene Mandeln
30 g Apfelmus
5 g Weinsteinbackpulver
1 TL Vanillezucker
abgeriebene Schale ½ Zitrone
1 Prise Salz

Außerdem
200 g dunkle, temperierte
Kuvertüre
100 g Marillenmarmelade
oder Aprikosenmarmelade
vegane Margarine zum Einfetten
Mehl zum Ausstauben
bunter Zucker und rote Zuckerschrift zum Dekorieren

Margarine mit Zucker, Vanillezucker, Zitronenschale und Salz schaumig rühren. Mehl mit Backpulver versieben und mit den Mandeln unter die Margarine rühren. Apfelmus und Sojadrink ebenfalls in den Teig einarbeiten. Die Backform gut ausfetten, bestauben und den Teig in die geschlossene Form gießen. Den Teig mithilfe eines Teigschabers oder Kochlöffels gut in die Form drücken und die Form mehrmals fest auf die Arbeitsfläche aufschlagen. Der Teig muss sich gut in der Form verteilen, sonst fehlen dem Hasen eventuell die Ohren. Die Form im vorgeheizten Ofen bei 170 °C 40–45 Minuten backen. Nadelprobe machen.

Nach dem Backen den Osterhasen vollständig in der Form auskühlen lassen und vor dem Öffnen der Form den überschüssigen Teig abschneiden, damit der Kuchenboden gerade ist. Marmelade erwärmen und glatt rühren. Den Hasen mit der Marmelade dünn einstreichen. Die Schokolade im Wasserbad temperieren und den Hasen damit glasieren. Mit Zuckerschrift und buntem Zucker dekorieren.

Tipp: Zuckerschrift lässt sich leicht selbst herstellen, in dem Sie einfach eine Zitronenglasur etwas fester anrühren und sie z.B. mit Himbeersaft einfärben. Achten Sie beim Kauf der Zuckerschrift darauf, dass auch alle Zutaten vegan sind.

Schwierigkeitsgrad: ❷ | Zubereitungszeit: 40 Min. plus Auskühlzeit | Backzeit: 40–45 Min. | Backtemperatur: 170 °C, 2. Schiene | Zubehör: Backform »Osterhase«, ca. 25 cm

Pistaziengugelhupf mit weißer Schokoladenglasur

350 g helles Weizenmehl
170 g Feinkristallzucker
160 ml kohlensäurehaltiges
Mineralwasser
130 g Apfelmus
80 g gehackte Pistazien
60 ml Rapsöl
Saft von 3 Zitronen
3 EL Apfelessig
6 g Weinsteinbackpulver
3 g Natron
abgeriebene Schale einer Zitrone
1 Msp. Vanillepulver
1 Prise Salz

Außerdem
100 g Zitronenmarmelade
150 g weiße Kuvertüre
vegane Margarine zum Einfetten
Mehl zum Ausstauben
gehackte Pistazien zum
Bestreuen

Mehl mit Zucker, Vanillepulver, Backpulver, Natron, Salz und Zitronenschale mischen. Apfelmus, Öl, Mineralwasser, Zitronensaft und Apfelessig unter die Mehlmischung rühren, sodass eine glatte, homogene Masse entsteht. Die Pistazien unterheben.
Eine Gugelhupfform einfetten und mit Mehl ausstauben. Den Teig einfüllen und im vorgeheizten Ofen bei 170 °C ca. 45 Minuten backen. Mit der Nadelprobe kontrollieren. Den Gugelhupf auf einem Kuchengitter auskühlen lassen. Zitronenmarmelade glatt rühren und den ausgekühlten Gugelhupf damit einpinseln. Die weiße Kuvertüre im Wasserbad schmelzen lassen und den Gugelhupf damit glasieren. Dann mit gehackten Pistazien garnieren.

Schwierigkeitsgrad: ❷ | Zubereitungszeit: 25 Min. | Backzeit: 45 Min. | Backtemperatur: 170 °C, 2. Schiene | Zubehör: Gugelhupfform, ø ca. 22 cm

Rhabarberauflauf

700 g Rhabarber
240 g Dinkelmehl
190 ml kohlensäurehaltiges
Mineralwasser
100 g geriebene Walnüsse
100 ml Sojadrink
100 g Feinkristallzucker
100 g Marmelade aus roten
Johannisbeeren
80 g Rohrohrzucker
60 ml vegane Margarine
50 g Maisstärke
10 ml Apfelsüße
6 g Weinsteinbackpulver
2 EL Zitronensaft
abgeriebene Schale einer Limette
½ TL Zimt
½ TL Vanillepulver
1 Prise Salz

Außerdem
vegane Margarine zum Einfetten
Mehl zum Ausstauben
Puderzucker zum Bestreuen

Rhabarber schälen und in ca. 2 cm große Stücke schneiden. Diese mit dem Feinkristallzucker und Zitronensaft marinieren und nach ca. 20 Minuten das überschüssige Wasser abgießen. Mehl, Walnüsse, Rohrzucker, Maisstärke, Backpulver, Limettenschale, Zimt, Vanillepulver und Salz vermischen. Margarine schmelzen lassen, mit Mineralwasser, Sojadrink und Apfelsüße mischen und mit der Mehlmischung zu einem glatten Teig verarbeiten. Auflaufformen mit zerlassener Margarine ausfetten und mit etwas Zucker ausstreuen. Den Teig in die Formen füllen und den Rhabarber gleichmäßig darauf verteilen.

Die Aufläufe im vorgeheizten Ofen bei 180 °C 30–35 Minuten backen. Marmelade etwas erwärmen, glatt rühren und auf die Aufläufe streichen. Alles mit Puderzucker bestreuen und am besten noch warm genießen.

Schwierigkeitsgrad: ❶ | Zubereitungszeit: 25 Min. |
Backzeit: 30–35 Min. | Backtemperatur: 180 °C,
2. Schiene | Zubehör: 6 Auflaufformen, 15 x 10 cm

Sie müssen den Kuchen nicht in Portions-formen backen. Sie können ihn auch in einer Kastenform backen und anschließend in Scheiben schneiden. Geben Sie die Schlagcreme dann einfach mit einem Löffel auf die Kuchen-scheiben.

Rote-Johannisbeer-Kuchen mit Sahnehaube

250 g Dinkelmehl
250 ml Sojadrink
200 g Rote Johannisbeeren
140 g Feinkristallzucker
130 ml Rapsöl
30 g geriebene Haselnüsse
8 g Weinsteinbackpulver
1 TL Vanillezucker
abgeriebene Schale einer Zitrone
1 Prise Salz

Außerdem
150 ml vegane Schlagcreme
1 EL Holundersirup
rote Johannisbeeren zum Garnieren
vegane Margarine zum Einfetten
Mehl zum Ausstauben

Mehl, Haselnüsse, Zucker, Backpulver, Vanillezucker, Zitronenschale und Salz mischen. Sojadrink und Rapsöl unter das Mehl rühren und alles zu einem homogenen Teig verrühren. Johannisbeeren vorsichtig unter den Teig heben. Dariolformen mit Margarine ausstreichen und mit etwas Mehl ausstauben. Den Teig in die Dariolformen einfüllen und im vorgeheizten Ofen bei 180°C 30–35 Minuten backen. Danach auskühlen lassen.

Die Schlagcreme nicht zu steif aufschlagen, Holundersirup unterrühren. Die Creme auf den Kuchen verteilen und mit Johannisbeeren garnieren.

Schwierigkeitsgrad: **1** | Zubereitungszeit: 20 Min. | Backzeit: 30–35 Min. | Backtemperatur: 180°C, 2. Schiene | Zubehör: Dariolformen, ø 8,5 cm

Schneller Orangenkuchen

460 ml Orangensaft
375 g helles Weizenmehl
310 g Rohrohrzucker
170 g Rapsöl
8 g Weinsteinbackpulver
1 EL Apfelessig
abgeriebene Schale einer Orange
1 TL Vanillepulver
1 Msp. Natron
1 Prise Salz

Außerdem
1 Dose Kokosmilch
60 g Puderzucker
50 g Bitterorangenmarmelade
20 g Kokoschips

Mehl mit Backpulver und Natron versieben. Zucker, Orangenschale, Salz und Vanillepulver unterrühren. Orangensaft, Öl und Essig unter das Mehl rühren und alles zu einer glatten Masse verarbeiten. Einen ausziehbaren Backrahmen auf ein mit Backpapier belegtes Blech legen, den Teig einfüllen und im vorgeheizten Ofen bei 180 °C ca. 40 Minuten backen. Nach dem Auskühlen die Orangenmarmelade glatt rühren und auf den Kuchen streichen. Von der Kokosmilch den festen Teil abnehmen und mit einem Handrührgerät schaumig aufschlagen. Puderzucker sieben und unter die Kokossahne rühren. Die Kokossahne auf dem Kuchen verteilen und mit Kokoschips bestreuen.

Schwierigkeitsgrad: ❶ | Zubereitungszeit: 20 Min. | Backzeit: 40 Min. | Backtemperatur: 180 °C, 2. Schiene | Zubehör: ausziehbarer Backrahmen

Was ist ein Wasserbad?
Ganz einfach: Stellen Sie einen kleinen Topf, in dem sich ca. 2 cm hoch Wasser befindet, auf den Herd, und halten Sie die Temperatur des Wassers kurz vor dem Siedepunk. Es darf auf keinen Fall kochen. Dann stellen Sie eine Schüssel, am besten aus Metall oder Kunststoff, mit der Schokolade auf den Topf. Das Wasser darf die Schüssel nicht berühren.

Schokoladenschnitten

Für den Teig
300 ml vegane Schlagcreme
220 g helles Weizenmehl
170 g Feinkristallzucker
20 g Kakaopulver
20 g Speisestärke
8 g Weinsteinbackpulver
1 TL Vanillezucker
1 Prise Salz

Für die Schokoladenglasur
200 g dunkle Kuvertüre
140 g vegane Margarine

Außerdem
150 g Marmelade aus roten
Johannisbeeren

Mehl, Kakao, Speisestärke mit Backpulver sieben. Vegane Schlagcreme leicht anschlagen, aber nicht fest!
Das Mehlgemisch mit Zucker, Vanillezucker und Salz unter die Schlagcreme rühren. Den Teig in einen vorbereiteten Backrahmen füllen und im vorgeheizten Ofen bei 180 °C ca. 35 Minuten backen. Nadelprobe machen. Dann auskühlen lassen.
Für die Schokoladenglasur die Kuvertüre klein hacken. Im Wasserbad gemeinsam mit der klein geschnittenen Margarine unter ständigem Rühren schmelzen lassen. Achtung: Das Wasser darf nicht kochen.
Den Schokoladenboden in der Mitte halbieren. Marmelade in einem kleinen Topf erwärmen und glatt rühren. Eine Hälfte des Bodens mit Marmelade bestreichen. Die zweite Hälfte darauflegen und ebenfalls dünn mit Marmelade bestreichen. Die überschüssige Marmelade mit einer Palette abziehen. Den Kuchen auf ein Glasiergitter setzen, gleichmäßig mit der Schokoladenglasur übergießen und fest werden lassen.

Schwierigkeitsgrad: ❷ | Zubereitungszeit: 30 Min. plus Kühlzeit | Backzeit: 35 Min. | Backtemperatur: 180 °C, 2. Schiene | Zubehör: Glasiergitter, Palette

*Dieser Kuchen
ist eine einfache und
doch sehr schöne Alternative
zum herkömmlichen Quark-
kuchen. Wenn Sie Lust haben,
können Sie einige Kirschen
oder Birnenstücke in der
Füllung mitbacken.*

Seidentofu-Vanille-Kuchen

Für den Teig

300 g helles Weizenmehl
180 g vegane Margarine
120 g Rohrohrzucker
15 g Sojamehl
4 – 5 EL Eiswasser
1 Msp. Weinsteinbackpulver
1 Prise Salz

Für die Füllung

500 ml Haferdrink
400 g Seidentofu
250 ml Soja Cuisine
200 g Rohrohrzucker
70 g Maisstärke
40 g Vanillepuddingpulver
3 EL Apfelsüße
abgeriebene Schale einer Orange
Mark einer Vanilleschote
1 Prise Salz

Außerdem

zerlassene vegane Margarine
für die Form
Mehl zum Ausstauben
Puderzucker zum Bestreuen

Mehl, Backpulver, Sojamehl und Salz gründlich mischen. Mit Zucker, Margarine und Wasser zu einem glatten Teig verarbeiten. Den Teig in Frischhaltefolie einschlagen und ca. 1 Stunde kalt stellen. Dann eine Springform leicht ausfetten und mit etwas Mehl ausstauben. Den Teig mit den Händen in die Springform drücken und die Form damit auskleiden. Den Rand des Teiges schön glatt streichen.

Seidentofu mit einem Stabmixer fein passieren. Maisstärke und Puddingpulver mit etwas Haferdrink glatt rühren und mit dem Zucker unter den Seidentofu rühren. Soja Cuisine, den restlichen Haferdrink, Apfelsüße, Orangenschale, Vanillemark und Salz zum Seidentofu geben und wieder glatt rühren.

Die Tofumasse in die Springform füllen und im vorgeheizten Ofen bei ca. 180 °C 50 – 55 Minuten backen. Auskühlen lassen und mit Puderzucker bestreuen.

Schwierigkeitsgrad: ❷ | Zubereitungszeit: 35 Min. plus Teigruhe | Backzeit: 50 – 55 Minuten | Backtemperatur: 180°C, 2. Schiene | Zubehör: Springform, ø 26 cm

*Ein Tipp für die Füllung.
Lassen Sie den Puderzucker zuerst
weg, denn viele vegane Schlagcremes
schmecken meist von sich aus recht süß.
Rühren Sie so viel Zucker in die Füllung, wie
es Ihrem Geschmack entspricht. Alternativen
wie Stevia, Apfelsüße und Co. können selbstverständlich auch eingesetzt werden. Über-
legen Sie auch einmal, wie Sie das Schoko-
mousse individualisieren können. Aroma-
tisieren Sie die Creme nach Ihrem Geschmack. Es ist gar nicht so schwer,
einen eigenen superleckeren
Kuchen zu zaubern!*

Weiße Schokomoussetorte mit Minzsahne

Für den Tortenboden
190 g helles Weizenmehl
90 g vegane Margarine
30 g Zucker
2 EL Sojadrink
3 g Weinsteinbackpulver
abgeriebene Schale ½ Zitrone
1 Msp. Vanillepulver
1 Prise Salz

Für die Füllung
240 g weiße Kuvertüre
200 g Seidentofu
120 ml vegane Schlagcreme
30 g Puderzucker

Für die Minzsahne
100 ml vegane Schlagcreme
4 EL gehackte Pfefferminze
2 TL Vanillezucker

Außerdem
vegane Margarine zum Einfetten
Mehl zum Ausstauben
Linsen zum Blindbacken
Minzeblätter zum Garnieren

Mehl mit Backpulver, Zucker, Zitronenschale, Vanillepulver und Salz vermischen. Die Mehlmischung mit Margarine und Sojadrink zu einem glatten Teig verarbeiten. Eine Tortenform einfetten und mit etwas Mehl ausstauben. Den Teig in die Tortenform geben und gleichmäßig auskleiden. Dies geht am besten mit den Händen und etwas sanftem Druck. Ein etwa 4 cm hoher Rand sollte entstehen. Auf den Teig Backpapier legen und den Boden mit Linsen auffüllen. Den Tortenboden im vorgeheizten Ofen bei 180 °C 25 – 30 Minuten backen. Danach auf einem Kuchengitter auskühlen lassen und das Backpapier mit den Linsen entfernen.
Die Linsen können für ein weiteres Blindbacken aufbewahrt werden.
Für die Füllung die weiße Kuvertüre im Wasserbad schmelzen lassen. Seidentofu mit dem Stabmixer glatt rühren. Kuvertüre und Puderzucker mit dem Stabmixer unterrühren. Die Schlagcreme aufschlagen und unter den Seidentofu heben. Die Creme in den Tortenboden füllen und die Schokomoussetorte einige Stunden kalt stellen. Die Torte mit einem Messer aus dem Tortenring schneiden.
Für die Minzsahne die Minze und den Vanillezucker in die flüssige Schlagcreme geben, mit dem Stabmixer kurz pürieren und die Creme anschließend mit einem Schneebesen aufschlagen.
Dann die Minzsahne mit einem Löffel auf die Tortenstücke verteilen und diese mit einem Minzeblatt garnieren.

Schwierigkeitsgrad: ❷ | Zubereitungszeit: 40 Min. plus Auskühlzeit | Backzeit: 25 – 30 Min. | Backtemperatur: 180 °C, 2. Schiene

Diese aufwendige Glasur nennt man auch Sacherglasur. Sie werden für Ihre Mühen mit einer herrlich schmelzenden Schokoladenglasur belohnt. Ich schneide mir immer aus einem dünnen Karton ein passendes Stück heraus, das ich unter den Kuchen schieben kann. Auf diese Weise kann ich den Kuchen problemlos auf ein Glasiergitter heben.

Wiener Schokoladentorte

Für den Tortenboden
420 ml kohlensäurehaltiges
Mineralwasser
360 g helles Weizenmehl
290 g Kristallzucker
130 g Zartbitterschokolade
120 ml Rapsöl
100 g Kakaopulver
15 g Weinsteinbackpulver
3 EL Apfelessig
Mark einer Vanilleschote
1 Prise Salz

Für die Glasur
300 g Feinkristallzucker
250 g Kochschokolade
125 ml Wasser

Außerdem
250 g Marillenmarmelade
oder Aprikosenmarmelade
100 ml Marillennektar
vegane Margarine zum Einfetten
Mehl zum Ausstauben

Schwierigkeitsgrad: **❸**
Zubereitungszeit: 40 Min. plus
Kühlzeit
Backzeit: 45 Min.
Backtemperatur: 170°C, 2. Schiene
Zubehör: Springform, ø 27 cm,
Glasiergitter, Palette

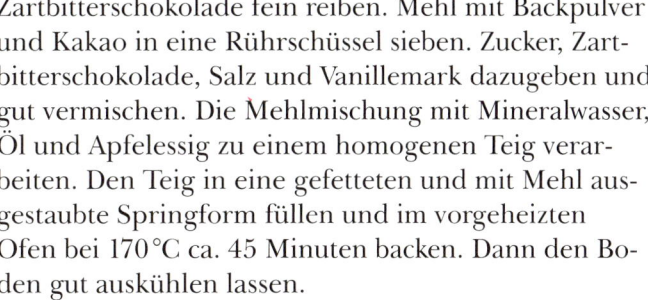

Zartbitterschokolade fein reiben. Mehl mit Backpulver und Kakao in eine Rührschüssel sieben. Zucker, Zartbitterschokolade, Salz und Vanillemark dazugeben und gut vermischen. Die Mehlmischung mit Mineralwasser, Öl und Apfelessig zu einem homogenen Teig verarbeiten. Den Teig in eine gefetteten und mit Mehl ausgestaubte Springform füllen und im vorgeheizten Ofen bei 170°C ca. 45 Minuten backen. Dann den Boden gut auskühlen lassen.

Den Tortenboden aus der Springform nehmen, auf ein mit Zucker bestreutes Backpapier stürzen und halbieren. Den unteren Tortenboden mit etwas Marillennektar beträufeln und nicht zu dünn mit kalter Marmelade bestreichen. Die zweite Tortenhälfte daraufsetzen. Die restliche Marmelade in einem Topf erhitzen, über die Torte gießen und glatt streichen. Überschüssige Marmelade entfernen.

Für die Schokoladenglasur Zucker mit Wasser in einem Topf aufkochen. Die Kochschokolade hacken und im Wasser auflösen. Mithilfe eines nassen Pinsels die Zuckerkristalle vom Rand des Topfes wischen. Die Glasur bis auf 109°C erhitzen (zum kurzen Faden kochen). Dann den Topf in ein Gefäß mit kaltem Wasser stellen. Mit der bauchigen Seite eines Kochlöffel die Glasur an der Topfwand reiben (tablieren). Die Glasur wird dabei immer dicker. Wenn sie auf ca. 50°C abgekühlt ist, überzieht sie den Kochlöffel, ohne rasch abzufließen. Dann ist die Glasur fertig.

Die Torte auf ein Glasiergitter setzen und mit der Glasur übergießen. Sofort mit ein paar Strichen mit einer Palette oben und seitlich glatt streichen. Die Glasur erstarren lassen und überschüssige Glasur mit einem Messer entfernen.

Tipp: Statt Marillennektar können Sie auch Orangensaft verwenden. Mit dieser Zutat wird der Boden schön saftig. Versuchen Sie diese Torte auch einmal mit Marmelade aus Orangen oder aus roten Johannisbeeren.

Ich schneide den Biskuit-
boden auch gern in vier gleich
große Teile und rolle diese dann ein.
Das muss allerdings sehr schnell gehen.
Danach fülle ich die Rollen mit der Creme.
Diese kleineren Zitronenrollen sehen attrak-
tiver aus, wie ich finde. Wer keinen Sojadrink mag, kann das Rezept für Biskuit
durch das Basisrezept auf S. 100 ersetzen. Dieser Teig wird durch das
Mineralwasser luftiger als der
doch relativ schwere Biskuitteig mit dem Sojadrink.

Zitronenrolle

Für den Biskuitteig
250 g helles Weizenmehl
250 ml Sojadrink
160 g Feinkristallzucker
130 ml Rapsöl
2 EL Apfelessig
6 g Weinsteinbackpulver
1 TL Vanillezucker

Für die Füllung
400 ml vegane Schlagcreme
30 ml Zitronensaft
30 g Puderzucker
abgeriebene Schale von
2 Zitronen
1 Packung Sahnesteif

Außerdem
1 Zitrone in Stücke
geschnitten zum Garnieren
3 – 4 EL Feinkristallzucker
zum Bestreuen
Puderzucker zum Bestreuen

Mehl mit Backpulver versieben und in eine Rührschüssel geben. Sojadrink, Rapsöl, Apfelessig, Zucker und Vanillezucker mithilfe eines Handrührgeräts schaumig schlagen und unter das Mehl rühren. Ein Blech mit Backpapier auslegen und den Biskuitteig gleichmäßig darauf verstreichen. Den Teig im vorgeheizten Ofen bei 170 °C 20 – 25 Minuten backen.

In der Zwischenzeit ein Geschirrtuch reichlich mit Zucker bestreuen. Darauf den fertig gebackenen Biskuitboden stürzen, das Backpapier abziehen und den Biskuit vorsichtig einrollen. Die Biskuitrolle auskühlen lassen. Der Teig muss vorher gerollt werden, weil er sonst beim Rollen bricht, sobald er ausgekühlt ist. Für die Füllung die Schlagcreme mit Sahnesteif aufschlagen. Zitronensaft, Zitronenschale und Puderzucker unterrühren. Etwas Zitronencreme für die Dekoration zur Seite stellen. Die Biskuitrolle vorsichtig wieder aufrollen, die restliche Zitronencreme auf den Biskuitboden streichen und den Boden mithilfe des Tuches wieder einrollen.

Zitronenrolle mit Puderzucker bestreuen. Die Zitronencreme für die Dekoration mithilfe eines Spritzbeutels in kleinen Rosetten darauf dressieren und mit Zitronenstücken garnieren.

Schwierigkeitsgrad: ❷ | Zubereitungszeit: 25 Min. plus Auskühlzeit | Backzeit: 20 – 25 Min. | Backtemperatur: 170°C, 2. Schiene | Zubehör: Geschirrtuch, Spritzbeutel

Süße Hauptspeisen

Dieses einfache Rezept hat doch so seine Tücken. Öffnet man den Deckel zu früh, bleibt nur ein zusammengefallener, pappiger Haufen Mehl übrig. Wartet man zu lange, kann es sein, dass die Unterseiten der Dampfnudeln verbrennen, statt zart zu karamellisieren. Zu Dampfnudeln passt eine Vanille- oder eine Fruchtsauce hervorragend.

Dampfnudeln auf marinierten Erdbeeren

Für die Dampfnudeln

500 g helles Weizenmehl

320 ml Sojadrink

50 g Feinkristallzucker

30 g Hefe

abgeriebene Schale einer Zitrone

1 Prise Salz

250 ml Vanillehaferdrink

40 g vegane Margarine

50 g Feinkristallzucker

Für die marinierten Erdbeeren

400 g Erdbeeren

30 g Puderzucker

Saft einer Orange

3 EL Balsamicoessig

2 EL gehackte Minze

1 TL frisch geriebener Ingwer

Mehl in eine Schüssel sieben und in der Mitte eine Vertiefung machen. Hefe hineinbröckeln und mit etwas lauwarmem Sojadrink, einem Teelöffel Zucker und etwas Mehl vom Rand einen Vorteig ansetzen. Die Schüssel mit einem Geschirrtuch bedecken und den Teig an einem warmen Ort ca. 20 Minuten gehen lassen. Anschließend aus Mehl, Vorteig, restlichem Sojadrink, Zucker, Zitronenschale und Salz in einer Küchenmaschine einen geschmeidigen Teig herstellen. Den Teig auf einer bemehlten Arbeitsfläche kräftig durchkneten, zu einer Kugel formen, in die Schüssel zurücklegen, zudecken und ca. 30 Minuten gehen lassen.

Erdbeeren putzen und je nach Größe halbieren oder vierteln. Mit Puderzucker, Orangensaft, Balsamicoessig, Ingwer und gehackter Minze marinieren und einige Minute ziehen lassen.

Den Teig nach dem Gehen auf einer bemehlten Arbeitsfläche noch einmal durchkneten. Aus dem Teig eine Rolle formen und von dieser 12 gleich große Stücke abstechen. Durch Schleifen des Teiges runde, glatte Kugeln herstellen. Die Kugeln zugedeckt erneut ca. 20 Minuten gehen lassen. In einem ausreichend großen Topf den Haferdrink mit Margarine und Zucker zum Kochen bringen. Die Dampfnudeln hineinlegen und am besten mit einem Glasdeckel verschließen. Auf kleiner Flamme 25 – 30 Minuten dämpfen lassen. Der Haferdrink sollte vollständig verdampft und der Zucker leicht karamellisiert sein. Wenn man genau hinhört, nimmt man ein leichtes Knistern wahr. Dann ist der Zeitpunkt gekommen, den Deckel von den Dampfnudeln abzunehmen.

Schwierigkeitsgrad: ❷ | Zubereitungszeit: 60 Min. plus Teigruhe

Servieren Sie den Schmarren auch einmal mit karamellisierten Mangostücken oder schönem Marillenkompott.

Grießschmarren mit glasierten Äpfeln

Für den Grießschmarren
500 g Mandeldrink
250 g feiner Grieß
100 g vegane Margarine
30 g Rohrohrzucker
1 TL Vanillezucker
abgeriebene Schale ½ Zitrone
1 Prise Salz

Für die glasierten Äpfel
3 Äpfel
100 ml naturtrüber Apfelsaft
3 EL Rohrohrzucker
1 TL Maisstärke
Saft einer Zitrone
4 grüne Kardamomkapseln

Außerdem
Puderzucker zum Bestreuen

Mandeldrink mit Salz und Zitronenschale in einem großen Topf aufkochen lassen. Grieß einrühren und kurz ziehen lassen. Die Grießmasse ca. 1 cm hoch auf ein leicht befettetes Backblech aufstreichen und abkühlen lassen. Danach in mundgerechte Stücke zerteilen. Margarine in einer Pfanne schmelzen lassen und die Grießstücke darin rösten. Rohr- und Vanillezucker dazugeben und bei nicht zu starker Hitze rösten, bis der Grießschmarren schön knusprig ist.

Äpfel schälen, vierteln und das Kerngehäuse entfernen. Dann die Äpfel in ca. 1 cm große Würfel schneiden. Zucker in einer kleinen Pfanne hell karamellisieren lassen und mit Apfel- und Zitronensaft ablöschen. Den Saft mit den Kardamomkapseln aufkochen und etwas einreduzieren lassen. Maisstärke mit 1 EL kaltem Wasser glatt rühren und den Saft damit etwas binden. Die Apfelstücke dazugeben und noch einmal aufkochen lassen. Vor dem Servieren die Kardamomkapseln entfernen.

Den Grießschmarren auf Tellern anrichten und mit den glasierten Äpfeln garnieren.

Schwierigkeitsgrad: ❷ | Zubereitungszeit: 35 Min.

Beim Schleifen der Teiglinge legt man diese auf die Arbeitsfläche und bearbeitet die Teiglinge mit der flachen Hand und in einer kleinen Drehbewegung. Der Teig sollte sich mit der Hand mitbewegen. Nach 3–4 Umdrehungen wird die Hand zu einer leichten Hohlhand geformt, die die Teigkugel sanft, aber doch mit Druck umschließt. Dabei wird der Teig so lange weiterbewegt, »geschliffen«, bis er schön glatt ist und sich straff anfühlt.

Hagebutten-Dukatenbuchteln

350 g Dinkelmehl
180 ml Haferdrink
80 g vegane Margarine
20 g Feinkristallzucker
20 g Hefe
1 TL Vanillezucker
abgeriebene Schale einer Zitrone
1 Prise Salz

Außerdem
6 EL Hagebuttenmarmelade
100 g zerlassene vegane Margarine
zum Bestreichen und für die Formen
Feinkristallzucker für die Formen
Puderzucker zum Bestreuen

Hefe und Zucker in lauwarmem Haferdrink auflösen und ca. 10 Minuten ruhen lassen. Dinkelmehl, Vanillezucker, Zitronenschale, Salz und Margarine mit der Hefe-Haferdrink-Mischung in der Küchenmaschine zu einem glatten, geschmeidigen Teig verarbeiten. Den Teig mit einem Geschirrtuch abdecken und bei Zimmertemperatur ca. 1 Stunde gehen lassen. Suppentassen leicht mit zerlassener Margarine einpinseln, einen Löffel Zucker hineingeben und die Tassen so drehen, dass die Wände schön mit Zucker bedeckt sind. Überschüssigen Zucker in die nächste Tasse geben und den Vorgang wiederholen. Pro Tasse 1 EL Hagebuttenmarmelade hineingeben. Den Hefeteig auf einer bemehlten Arbeitsfläche noch einmal kräftig durchkneten und zu einer Rolle formen. Die Rolle in ca. 24 gleich große Teile schneiden. Die Teigstücke auf der Arbeitsfläche zu Kugeln schleifen. Je 4 Kugeln in eine Suppentasse setzen und zugedeckt noch einmal ca. 30 Minuten gehen lassen.
Die Dukatenbuchteln mit zerlassener Margarine einstreichen und im vorgeheizten Ofen bei 180 °C ca. 25 Minuten backen. Die Dukatenbuchteln nach der Hälfte der Garzeit noch einmal kräftig mit zerlassener Margarine bestreichen.

Nach dem Backen die Dukatenbuchteln mit Puderzucker bestreuen und noch heiß servieren.

Schwierigkeitsgrad: ❷ | Zubereitungszeit: 35 Min. plus Teigruhe | Backzeit: 25 Min. | Backtemperatur: 180 °C, 2. Schiene | Zubehör: 6 Suppentassen

Kaiserschmarren ist wohl Österreichs Küchenklassiker Nr. 1. Bei der veganen Variante gibt es wie beim Original einige Punkte zu beachten. Wichtig ist es, den Kaiserschmarren nicht zu heiß zu backen, damit der Teig schön aufgehen kann. Variieren Sie den Teig einmal mit Apfelstückchen, die Sie einfach zum Schluss kurz mitrösten.

Kaiserschmarren mit Zwetschgenkompott

Für den Kaiserschmarren
300 ml Sojadrink
140 g helles Weizenmehl
80 ml kohlensäurehaltiges
Mineralwasser
70 g Rosinen
30 g Puderzucker
1 EL Apfelessig
1 TL Weinsteinbackpulver
½ Packung Safran
1 Prise Salz

Für das Zwetschgenkompott
500 g entsteinte Zwetschgen
200 g Puderzucker
100 ml Wasser
Saft einer Orange
2 Gewürznelken
abgeriebene Schale ½ Orange
½ Zimtstange

Außerdem
2 EL Feinkristallzucker zum
Karamellisieren
1 EL vegane Margarine

Für das Kompott Puderzucker in einem Topf hell karamellisieren lassen. Mit 100 ml Wasser und Orangensaft ablöschen. Zimtstange, Gewürznelken und Orangenschale dazugeben und einmal aufkochen lassen. Die Zwetschgen dazugeben und unter ständigem Rühren 10–15 Minuten auf kleiner Flamme köcheln lassen. Mehl, Puderzucker, Backpulver, Safranfäden und Salz mischen und mit Sojadrink, Mineralwasser und Apfelessig zu einem flüssigen Teig verarbeiten. Den Teig ca. 15 Minuten quellen lassen. In einer beschichteten Pfanne die Margarine bei mittlerer Hitze schmelzen lassen. Die Kaiserschmarrenmasse eingießen und die Rosinen darüberstreuen. Die Pfanne mit einem Deckel zudecken. Die Unterseite der Kaiserschmarren sollte goldbraun werden. Den Schmarren vierteln und wenden. Auch die zweite Seite goldbraun backen und den Kaiserschmarren anschließend mit zwei Gabeln in mundgerechte Stücke zerteilen und fertig backen. Den Kaiserschmarren aus der Pfanne heben. Ein nussgroßes Stück vegane Margarine schmelzen lassen und den Kristallzucker darin hell karamellisieren lassen. Kaiserschmarren im Karamell schwenken und mit Zwetschgenkompott servieren.

Schwierigkeitsgrad: ❷ | Zubereitungszeit: 45 Min.

Das Grün der Pistazien
passt nicht nur optisch sehr gut
zu den Marillenknödeln. Pistazien
ergänzen die Knödel auch geschmacklich
hervorragend und sind einmal etwas
anderes. Als Alternative zum Zuckerwürfel
bietet sich auch ein Stück Marzipan an.
Mit diesem Kartoffelteigrezept lassen sich
auch andere Fruchtknödel zubereiten.

Marillenknödel im Pistazienmantel

1 kg mehlige Kartoffeln
250 g helles Weizenmehl
8 – 10 Marillen oder Aprikosen
80 g zerlassene vegane Margarine
8 – 10 Stück brauner Würfelzucker
40 g Grieß
20 g Kartoffelstärke
1 Prise Salz

Außerdem
100 g gehackte Pistazien
Puderzucker zum Bestreuen

Schwierigkeitsgrad: ❸
Zubereitungszeit: 45 Min. plus
Teigruhe
Zubehör: Kartoffelpresse

Kartoffeln mit der Schale in kaltes, leicht gesalzenes Wasser legen und zum Kochen bringen. Nachdem die Kartoffeln weich gekocht sind, diese abgießen und kurz ausdampfen lassen. Dann die Kartoffel schälen und durch eine Presse drücken. In die noch heißen, passierten Kartoffeln Mehl, Grieß, Kartoffelstärke, zerlassene Margarine und Salz einrühren. Die Masse rasch zu einem glatten Teig verarbeiten. Den Teig mit Frischhaltefolie bedecken und ca. 1 Stunde kühl stellen. Die Marillen waschen und vorsichtig gerade so weit öffnen, dass sich der Kern entfernen lässt. An die Stelle des Kerns ein Stück Würfelzucker platzieren.
Aus dem Knödelteig eine Rolle formen und diese in 8 – 10 gleich große Stücke teilen. Die Teigstücke leicht andrücken und zu runden Scheiben formen. Die Marillen in die Mitte setzen und Knödel formen. Darauf achten, dass der Teig rundherum gut verschlossen ist. Die Knödel in ausreichend leicht gesalzenem Wasser ca. 10 Minuten leicht wallend kochen lassen.
Dann mit einem Schaumlöffel aus dem Wasser heben und in den gehackten Pistazien wenden. Die Marillenknödel auf Tellern anrichten und mit etwas Puderzucker bestreuen.

Tipp zum Teig: Ein gelungener Kartoffelteig erfordert etwas Übung und Gefühl. Verwenden Sie unbedingt mehlig kochende Kartoffeln, ansonsten wird Ihr Teig nicht binden. Die Kartoffeln reagieren je nach Sorte und Alter immer etwas anders. Sie werden merken, dass die Kartoffeln manchmal viel trockener und fluffiger sind und dass die Masse ein anderes Mal viel feuchter ist. Dies gilt es auszugleichen. Verwenden Sie dann etwas mehr oder weniger Mehl. Wichtig ist es auch, den Teig rasch herzustellen und nicht zu viel zu kneten, denn dann wird der Teig eher speckig und er ist kaum noch zu retten. Mit Kartoffelteig ist es wie mit allen anderen Dingen in der Küche – er benötigt Gefühl!

Milchreis mit marinierten Mandarinenfilets

Für den Milchreis
700 ml Mandeldrink
150 g Rundkornreis
100 ml vegane Schlagcreme
40 g Apfelsüße
Saft einer Limette
1 EL frisch geriebener Ingwer
abgeriebene Schale einer Limette
1 Prise Salz

Für die Mandarinenfilets
100 ml Wasser
4 Mandarinen
30 ml Ahornsirup
2 grüne Kardamomkapseln
1 TL Maisstärke
1 Prise Vanillepulver

Außerdem
gehackte Pistazien zum Garnieren

Mandeldrink mit Salz und Apfelsüße aufkochen lassen und den Reis einrühren. Die Hitze reduzieren und unter ständigem Rühren ca. 25 Minuten auf kleinster Flamme köcheln lassen. Zum Ende der Garzeit Limettenschale, Limettensaft und Ingwer unter den Milchreis rühren.

In der Zwischenzeit die Mandarinen schälen und die weißen Fäden so gut wie möglich entfernen. Die Mandarinenfilets noch einmal halbieren. Wasser mit Ahornsirup, Vanillepulver und den Kardamomkapseln zum Kochen bringen. Maisstärke mit 3 TL Wasser glatt rühren und unter den Sirup rühren.

Dann die Mandarinenfilets hineingeben. Die vegane Schlagcreme aufschlagen und nach und nach unter den Milchreis heben.

Den Milchreis in Schüsseln anrichten, die Kardamomkapseln entfernen und den Milchreis mit den marinierten Mandarinenfilets servieren. Mit etwas gehackten Pistazien garnieren.

Schwierigkeitsgrad: ❶ | Zubereitungszeit: 35 Min.

*Eine ideale Begleitung
zu Mohnschupfnudeln
ist Kirschkompott.*

Mohnschupfnudeln

Für den Teig
500 g mehlige Kartoffeln
130 g helles Weizenmehl
30 g Grieß
30 g vegane Margarine
1 TL Salz

Außerdem
100 g Graumohn
100 g Puderzucker
50 g vegane Margarine
abgeriebene Schale ½ Zitrone
1 TL Vanillezucker
1 Prise Salz
Puderzucker zum Bestreuen

Kartoffeln mit der Schale in leicht gesalzenem Wasser weich kochen. Danach schälen und noch heiß durch eine Kartoffelpresse drücken. Mit den restlichen Zutaten auf einem Brett rasch zu einem glatten Teig verarbeiten. Den Teig zu einer Kugel formen und zugedeckt 30–40 Minuten ruhen lassen, allerdings nicht im Kühlschrank! Anschließend den Teig auf einer bemehlten Arbeitsfläche zu eine Rolle formen, mit der Teigkarte walnussgroße Stücken abstechen und sie mit der flachen Hand zu kurzen dicken Nudeln formen. Diese in reichlich kochendes Salzwasser hineingeben, die Hitze reduzieren und die Schupfnudeln ca. 10 Minuten auf kleiner Flamme köcheln lassen. Danach mit einem Schaumlöffel aus dem Wasser heben.
In einer Pfanne die Margarine schmelzen lassen. Mohn, Zucker, Vanillezucker, Zitronenschale und Salz dazugeben und alles durchrühren. Die Schupfnudeln in der Margarine schwenken.

Die Mohnschupfnudeln auf Tellern anrichten und mit Puderzucker bestreuen.

Schwierigkeitsgrad: ❷ | Zubereitungszeit: 45 Min. plus Teigruhe | Zubehör: Holzbrett

Nusspalatschinken mit Schokoladensauce

Für die Palatschinken
350 ml kohlensäurehaltiges
Mineralwasser
300 g helles Weizenmehl
200 ml Sojadrink
40 g zerlassene vegane Margarine
1 TL Vanillezucker
1 Msp. Weinsteinbackpulver
1 Prise Salz

Für die Füllung
120 g geriebene Walnüsse
100 ml Mandeldrink
abgeriebene Schale einer Zitrone
4 EL Ahornsirup
½ TL Zimt

Für die Schokoladensauce
200 ml Wasser
100 g Zartbitterschokolade
150 g Feinkristallzucker
30 g Kakaopulver
1 Prise Zimt

Außerdem
vegane Margarine zum Ausbacken
Puderzucker und Nüsse zum
Bestreuen

Für die Palatschinken zuerst das Mehl mit Mineralwasser, Sojadrink, Salz, Backpulver, Vanillezucker und Margarine glatt rühren. Den Teig ca. 30 Minuten ruhen lassen. Etwas Margarine in einer flachen Pfanne schmelzen lassen und einen Teil des Teigs eingießen. Durch Schwenken der Pfanne den Teig gleichmäßig auf dem Boden der Pfanne verteilen. Die Palatschinken zuerst bei starker Hitze anbacken. Dann die Pfanne von der Herdplatte nehmen und die Palatschinken mit der in der heißen Pfanne gespeicherten Hitze fertig backen. Sie sollten ihre typisch goldbraune Färbung bekommen.

Die Palatschinken auf einen Teller legen, warm stellen und mit dem Rest des Teiges gleich verfahren.

Für die Füllung den Mandeldrink mit Ahornsirup aufkochen, geriebenen Walnüsse, Zimt und Zitronenschale einrühren. Für die Schokoladensauce das Wasser mit Zucker, Kakao und Zimt aufkochen. Die Schokolade raspeln und im Wasser schmelzen lassen. Die Sauce eventuell kurz mit einem Stabmixer aufmixen.

Die Palatschinken mit der Nussfüllung bestreichen und einrollen. Auf Tellern anrichten und mit Schokoladensauce nappieren. Mit Puderzucker und Nüssen bestreuen und eventuell mit etwas geschlagener veganer Schlagcreme garnieren.

Schwierigkeitsgrad: ❷ | Zubereitungszeit: 40 Min.

Zwetschgentäschchen mit Marillenkompott

Für die Zwetschgentäschchen
500 g mehlige Kartoffeln
120 g griffiges Weizenmehl
40 g Speisestärke
40 g zerlassene vegane
Margarine
1 Prise Salz
150 g Zwetschgenmus oder
Pflaumenmus

Für die Nussbrösel
100 g Semmelbrösel
50 g gehackte Mandeln
30 g Feinkristallzucker
1 TL Zimt
1 TL Vanillezucker
2 EL vegane Margarine

Für das Marillenkompott
500 g entsteinte Marillen
oder Aprikosen
150 g Feinkristallzucker
150 ml Marillennektar
1 EL Speisestärke
1 TL Vanillezucker
Saft und abgeriebene Schale
½ Zitrone

Außerdem
Puderzucker zum Bestreuen

Kartoffeln mit der Schale in leicht gesalzenem Wasser weich kochen. Abgießen, schälen und noch heiß passieren. Mehl, Stärke und zerlassene Margarine mit Salz zu den passierten Kartoffeln geben und alles rasch zu einem glatten Teig verarbeiten. Den Teig zudecken und ca. 20 Minuten ruhen lassen. Dann ca. 3 mm dick auf einer bemehlten Arbeitsfläche ausrollen. Kreise ausstechen und je 1 TL Zwetschgenmus darauf verteilen. Eine Hälfte über die Füllung klappen und die Ränder vorsichtig andrücken. Leicht gesalzenes Wasser in einem Topf zum Kochen bringen. Die Zwetschgentäschchen hineingeben, die Hitze reduzieren und die Täschchen auf kleiner Flamme ca. 5 Minuten ziehen lassen.

Marillen in Spalten schneiden. Vom Marillennektar 3 EL abnehmen und mit der Stärke glatt rühren. Zucker in einer Pfanne hell karamellisieren lassen und mit dem restlichen Marillennektar ablösen. Vanillezucker, Zitronensaft und Zitronenschale dazugeben und aufkochen lassen. Die Marillenspalten hineingeben und ca. 5 Minuten auf kleiner Flamme köcheln lassen. Mit der Stärke etwas binden.

In einer Pfanne Margarine schmelzen lassen. Brösel, Nüsse, Zimt, Vanillezucker und Zucker dazugeben und goldgelb rösten. Die Zwetschgentäschchen mit einem Schaumlöffel aus dem Wasser heben und in den Bröseln wenden.

Die Zwetschgentäschchen anrichten, mit Puderzucker bestreuen und mit Marillenkompott servieren.

Schwierigkeitsgrad: ❸ | Zubereitungszeit: 40 Min. plus Teigruhe | Zubehör: Kreisausstecher, 10 cm

Nachspeisen

Servieren Sie
den Pudding frisch
aus dem Ofen, am besten
mit einem Löffel Nougat,
mit veganer Schlagcreme
und etwas Amarena-
kirschsaft.

Amarenakirschpudding

200 g Einkornmehl
200 ml kohlensäurehaltiges
Mineralwasser
120 g Amarenakirschen
aus dem Glas
80 g Rapsöl
70 g Zucker
50 g geriebene Haselnüsse
40 g Apfelmus
12 g Weinsteinbackpulver
abgeriebene Schale ½ Orange
½ TL Vanillepulver
1 Prise Salz

Außerdem
zerlassene vegane Margarine
und Mehl für die Formen

Amarenakirschen gut abtropfen lassen. Mehl mit Backpulver versieben. Mehl mit Zucker, Haselnüssen, Orangenschale, Vanillepulver und Salz vermengen. Mineralwasser mit Apfelmus und Öl verrühren und unter die Mehlmischung rühren. Amarenakirschen unter den Teig heben. Schüsseln leicht einfetten und mit Mehl ausstauben. Die Puddingmasse auf die Schüsseln verteilen und im vorgeheizten Ofen bei 180°C ca. 25 Minuten backen.

Schwierigkeitsgrad: ❶ | Zubereitungszeit: 15 Min. |
Backzeit: 25 Min | Backtemperatur: 180°C, 2. Schiene |
Zubehör: 4 – 6 hitzebeständige Schüsseln, ø 8 – 10 cm

Wer keine Dariolformen besitzt,
kann die Terrine in ein Muffinblech
einfüllen. Oder geben Sie die Terrine
in schöne Gläser, und garnieren Sie sie mit
Schokolocken und frischer Minze. Wenn
Sie die Creme nicht stürzen wollen, können
Sie auf das Kochen des Seidentofus mit
Gelier Fix verzichten
und die Creme einfach in Schüsseln
abfüllen und 2–3 Stunden
kalt stellen.

Beerenterrine mit Himbeersauce

Für die Terrine

300 g Seidentofu
250 g Beeren (Heidelbeeren,
Himbeeren, Erdbeeren)
200 ml vegane Schlagcreme
4 EL Apfeldicksaft
2 EL Zitronensaft
10 g Gelier Fix Agar-Agar
½ TL grüner, frisch
gemahlener Kardamom

Für die Himbeersauce

200 g Himbeeren
50 g Puderzucker
2 EL Zitronensaft
1 Msp. Johannisbrotkernmehl

Erdbeeren etwas zerkleinern, mit Heidelbeeren und Himbeeren mischen. Seidentofu, Apfeldicksaft, Zitronensaft, Kardamom und Gelier Fix mit dem Stabmixer fein passieren und in einem kleinen Topf zum Kochen bringen. Alles ca. 2 Minuten auf kleiner Flamme köcheln lassen, dann vom Herd nehmen und auskühlen lassen. Die Schlagcreme aufschlagen und mit den Beeren vorsichtig unter den Seidentofu heben. Dariolformen mit kaltem Wasser ausspülen und die Beerencreme einfüllen. Die Terrinen im Kühlschrank mindestens 6 Stunden durchkühlen lassen.

Für die Sauce Himbeeren mit Puderzucker und Zitronensaft verrühren und ca. 30 Minuten stehen lassen. Danach durch ein feines Sieb streichen und mit Johannisbrotkernmehl binden. Die Terrinen mit einem kleinen Messer aus den Dariolformen lösen oder die Formen kurz in heißes Wasser tauchen und die Terrinen aus der Form stürzen.

Die Beerenterrine mit Himbeersauce servieren.

Schwierigkeitsgrad: ❷ │ Zubereitungszeit: 15 Min. plus Kühlzeit │ Zubehör: Dariolformen ø 8,5 cm

Frühlingsrollen mit Apfel-Marzipan-Füllung und süßer Pflaumensauce

Für die Frühlingsrollen
200 g Äpfel
100 g Marzipan
30 g Puderzucker
30 g Rosinen
30 g Haselnusskrokant
8 Teigblätter für Frühlingsrollen

Für die Sauce
200 g entsteinte Zwetschgen
100 ml Apfelsaft
80 g Feinkristallzucker
½ TL frisch geriebener Ingwer

Außerdem
Puderzucker zum Bestreuen
Pflanzenöl zum Ausbacken

Äpfel schälen, Kerngehäuse ausstechen und die Äpfel in feine Streifen schneiden. Marzipan grob reiben. Äpfel mit Marzipan, Puderzucker, Rosinen und Haselnusskrokant mischen. Teigblätter auslegen und die Füllung im vorderen Drittel der Teigblätter verteilen. Dann die Blätter links und rechts über die Füllung klappen, die Ränder mit etwas Wasser bestreichen und einrollen.

Für die Sauce den Zucker in einem Topf hell karamellisieren lassen, mit Apfelsaft ablöschen und alles noch einmal aufkochen lassen. Zwetschgen mit Ingwer zum Zucker geben und ca. 10 Minuten auf kleiner Flamme köcheln lassen. Die Sauce mit einem Stabmixer fein pürieren und durch ein Sieb streichen.

Die Frühlingsrollen in heißem Öl schwimmend ausbacken. Dann herausheben und auf Küchenkrepp abtropfen lassen. Nach dem Anrichten mit etwas Puderzucker bestreuen und mit der Pflaumensauce servieren.

Schwierigkeitsgrad: ❷ | Zubereitungszeit: 35 Min.

Gebackene Apfelringe mit karamellisierten Haselnüssen

4 große Äpfel
220 ml Sojadrink
200 g helles Weizenmehl
200 g Haselnüsse
100 g Kokosraspel
60 g Feinkristallzucker
50 g Puderzucker
50 g Gojibeeren
50 ml Apfelsaft
abgeriebene Schale einer Zitrone
1 EL Zitronensaft
1 EL Apfelessig
1 TL Weinsteinbackpulver
1 Prise Salz

Außerdem
Pflanzenöl zum Ausbacken

Sojadrink mit Apfelessig verrühren und die Mischung ca. 15 Minuten ruhen lassen. Äpfel schälen, das Kerngehäuse ausstechen, die Äpfel in ca. 1 cm dicke Scheiben schneiden und mit etwas Zitronensaft beträufeln. Mehl mit Puderzucker, Salz, Backpulver, Kokosraspel und Zitronenschale in den Sojadrink rühren. Die Apfelringe in etwas Mehl wenden, mithilfe einer Gabel durch den Backteig ziehen und in heißem Öl schwimmend so lange ausbacken, bis der Teig braun wird. Die gebackenen Apfelringe auf Küchenkrepp abtropfen lassen.
Zucker in einem Topf hell karamellisieren lassen und mit Apfelsaft ablöschen. Haselnüsse dazugeben und Gojibeeren unterrühren.

Die gebackenen Apfelringe auf Tellern anrichten und mit den karamellisierten Nüssen garnieren.

Schwierigkeitsgrad: ❷ | Zubereitungszeit: 35 Min.

Erdbeeren schmecken
auch hervorragend
mit etwas frischer
Zitronenmelisse.

Gebackene Holunderblüten auf marinierten Erdbeeren

Für die Holunderblüten
250 ml Sojadrink
150 g Dinkelvollkornmehl
50 g Feinkristallzucker
12 Holunderblüten (blattlausfrei)
½ Packung Weinsteinbackpulver
1 Prise Salz

Für die Erdbeeren
400 g Erdbeeren
30 ml Holundersirup
4 Kardamomkapseln

Außerdem
Pflanzenöl zum Ausbacken
2 EL Puderzucker zum Bestreuen
½ TL Zimt zum Bestreuen

Aus Mehl, Zucker, Salz, Sojadrink, Backpulver und Salz einen glatten Backteig anrühren. Den Teig ca. 20 Minuten quellen lassen. Sollte er zu dick sein, mit etwas Sojadrink oder Mineralwasser strecken. Holunderblüten, wenn nötig, vorsichtig in einer Schüssel mit Wasser reinigen. Die Blüten sollten zum Backen allerdings wieder vollkommen trocken sein, weil sonst das heiße Fett zu spritzen beginnt.

Dann die Holunderblüten bis hinauf an den Stiel durch den Backteig ziehen und in heißem Pflanzenöl ausbacken. Anschließend kurz auf Küchenkrepp abtropfen lassen. Puderzucker mit Zimt vermischen und die gebackenen Holunderblüten damit bestreuen. Erdbeeren klein schneiden und mit Holundersirup marinieren. Kardamomkapseln öffnen, die Samen im Mörser zermahlen und unter die Erdbeeren rühren.

Die heißen Holunderblüten auf den marinierten Erdbeeren servieren.

Schwierigkeitsgrad: ❶ | Zubereitungszeit: 40 Min.

Man kann die gebackenen Mäuse auch mit einer Zimt-Zucker-Mischung oder mit Mohn und Zucker servieren. Wer es süßer mag, träufelt zum Beispiel etwas Maiwipferlhonig darüber.

Gebackene Mäuse mit Apfelmus

Für die gebackenen Mäuse
500 g helles Weizenmehl
290 ml Vanillesojadrink
60 g Feinkristallzucker
60 g vegane Margarine
21 g Hefe
1 Prise Salz

Für das Apfelmus
1000 g Äpfel
200 ml Wasser
30 g Apfelsüße
2 TL Zitronensaft
1 Vanilleschote
1 Zimtstange
4 Gewürznelken

Außerdem
Puderzucker zum Bestreuen
Pflanzenöl zum Ausbacken

Sojadrink auf ca. 30 °C erwärmen und Zucker sowie Hefe darin auflösen. Hefemischung zum Mehl geben und mit Salz und Margarine in einer Küchenmaschine zu einem glatten Teig verarbeiten. Den Hefeteig zudecken und an einem warmen Ort ca. 1 Stunde gehen lassen.
Reichlich Pflanzenöl in einem Topf erhitzen und einen Esslöffel kurz in das Fett tauchen.
Mit dem Löffel aus dem Hefeteig Nockerl abstechen und diese im Fett schwimmend goldbraun ausbacken. Die gebackenen Mäuse auf Küchenkrepp abtropfen lassen und mit Puderzucker bestreuen.
Äpfel schälen, vierteln und das Kerngehäuse entfernen. In einem Topf die Apfelsüße mit Wasser, Zitronensaft, Zimt, Nelken und der Vanilleschote zum Kochen bringen. Die Apfelstücke dazugeben und alles ca. 15 Minuten auf kleiner Flamme köcheln lassen und bei Bedarf etwas Wasser dazugeben.
Zimtstange, Nelken und Vanilleschote herausnehmen, die Äpfel anschließend mit einem Stabmixer pürieren und das Mus abkühlen lassen.

Die gebackenen Mäuse auf Tellern anrichten und mit dem Apfelmus servieren.

Schwierigkeitsgrad: ❷ | Zubereitungszeit: 40 Min. plus Teigruhe

Gebackene Schokoladen-Wan-Tan mit Kiwibeeren

Für die Wan Tan
300 g Zartbitterschokolade
150 ml Hafer Cuisine
12 aufgetaute Wan-Tan-Teigblätter
20 ml Ahornsirup

Für das Beerenragout
500 g Kiwibeeren
250 ml Marillennektar
30 g Rohrohrzucker
1 EL Maisstärke
Mark einer Vanilleschote
Saft ½ Zitrone

Außerdem
Pflanzenöl zum Frittieren
Pfefferminzeblätter zum Garnieren

Schokolade grob hacken. Hafer Cuisine zum Kochen bringen, die Schokolade unter ständigem Rühren darin auflösen lassen und den Ahornsirup einrühren. Die Schokoladencreme ca. 3 Stunden kalt stellen. Kiwibeeren putzen und halbieren. In einem Topf den Zucker mit 3 EL Wasser aufkochen und zu hellem Karamell einreduzieren lassen. Vom Marillennektar 3 EL mit der Maisstärke verrühren. Mit dem restlichen Nektar den Karamell ablöschen, Vanillemark und Zitronensaft dazugeben und 3–4 Minuten köcheln lassen. Die Sauce mit der Maisstärke binden, die Kiwibeeren hineingeben und die Sauce vom Herd nehmen. Wan-Tan-Teigblätter nebeneinander legen und mit jeweils 1 EL Schokoladencreme füllen. Die Ränder des Teigs mit etwas Wasser bestreichen und die Teigblätter zu Dreiecken falten. In einem Topf etwas Öl erhitzen und die Wan Tan darin schwimmend frittieren.

Das Kiwibeerenragout auf Tellern verteilen und die Wan Tan darauf anrichten. Mit etwas frischer Pfefferminze garnieren.

Schwierigkeitsgrad: ❷ | Zubereitungszeit: 40 Min. plus Auskühlzeit

Wer möchte, kann
das Orangenragout
mit etwas Orangen-
likör verfeinern.

Grießdukaten auf Orangenkompott

Für die Grießdukaten
350 ml Haferdrink
100 g Grieß
20 g vegane Margarine
3 EL Agavendicksaft
Mark einer Vanilleschote
abgeriebene Schale eine Zitrone
1 Prise Salz

Für das Orangenkompott
4 Orangen
20 g Puderzucker
20 g Rohrohrzucker
2 TL Maisstärke
Mark einer Vanilleschote
½ Zimtstange
2 Gewürznelken

Außerdem
2–3 EL Margarine zum Anbraten
Sesamkrokant

Schwierigkeitsgrad: ❷
Zubereitungszeit: 35 Min.
plus Auskühlzeit
Zubehör: Kreisausstecher,
8–10 cm

Haferdrink mit Margarine aufkochen und Vanillemark, Zitronenschale, Agavendicksaft und Salz dazugeben. Den Grieß unter ständigem Rühren in den Haferdrink einrühren und auf sehr kleiner Flamme ca. 5 Minuten quellen lassen. Die heiße Grießmasse ca. 1–1,5 cm hoch auf ein mit Frischhaltefolie ausgelegtes Blech aufstreichen und mindestens 1 Stunde kühl stellen. Dann die Dukaten ausstechen.

Die Orangen mit einem scharfen Messer schälen, die Filets herauslösen und diese zur Seite stellen. Orangenreste anschließend kräftig mit den Händen ausdrücken und den frischen Saft auffangen. Puderzucker in einer beschichteten Pfanne hell karamellisieren lassen und mit dem Orangensaft ablöschen. Vanille, Rohrzucker, Zimtstange und Gewürznelken zum Orangensaft geben. Maisstärke mit 2 EL Wasser glatt rühren und damit den Orangensaft schön cremig binden.

Die Gewürznelken und die Zimtstange vor dem Servieren entfernen.

In einer Pfanne etwas Margarine schmelzen lassen und die Grießdukaten darin von beiden Seiten auf mittlerer Flamme goldbraun anbraten.

Das Orangenkompott auf Tellern anrichten.
Die Grießdukaten darauf platzieren und
mit Sesamkrokant garnieren.

Tipp: Für das Sesamkrokantsegel lassen Sie 5 EL feinen Zucker in einer beschichteten Pfanne bei mittlerer Hitze leicht karamellisieren. Dann rühren Sie 2 EL Sesam und 1 EL vegane Margarine und streichen den Krokant auf einem Stück Backpapier glatt. Nach dem Auskühlen in Stücke brechen.

Dieses Gericht steht bei mir auch sonntags einmal als Frühstücksalternative auf dem Speiseplan. Es ist schnell zubereitet und mit Früchten der Saison eine willkommene Abwechslung.

Hirsedessert

350 ml Wasser
200 ml Mandeldrink
150 ml vegane Schlagcreme
100 g Hirse
30 g Sonnenblumenkerne
4 EL Agavendicksaft
1 Zimtstange
1 Prise Salz

Außerdem
2 Granatäpfel
Minzeblätter zum Garnieren

Die Hirse gründlich in einem Sieb abspülen. Mandeldrink mit Wasser und Salz zum Kochen bringen und dann die Hirse einrühren. Die Zimtstange dazugeben und alles auf kleiner Flamme 20–25 Minuten ausquellen lassen. Die Hirse sollte dann noch etwas Biss haben. Die Zimtstange entfernen und Sonnenblumenkerne und Agavendicksaft unter das Hirsedessert rühren. Granatäpfel halbieren und die Kerne aus der Frucht lösen. Die Schlagcreme aufschlagen und unter die Hirse heben.

Das Dessert in Gläser füllen und mit Granatapfelkernen und Minze garnieren.

Schwierigkeitsgrad: ❶ │ Zubereitungszeit: 50 Min.

Linzerschnitte

330 g geriebene Mandeln
280 g Marmelade aus
roten Johannisbeeren
240 g zimmerwarme vegane
Margarine
170 g Einkornmehl
90 g Feinkristallzucker
6 EL Sojadrink
4 g Weinsteinbackpulver
½ TL Zimt
½ TL grüner, frisch gemahlener
Kardamom
abgeriebene Schale
einer Zitrone

Margarine mit Zucker schaumig rühren. Sojadrink langsam einarbeiten. Einkornmehl, Mandeln, Backpulver, Zitronenschale, Zimt und Kardamom mischen und ebenfalls in die Margarine einarbeiten. Ein Blech mit Backpapier auslegen und einen flexiblen Backrahmen darauf platzieren. Ein Fünftel des Teigs in einen Spritzbeutel füllen. Den restlichen Teig ca. 2 cm hoch in die Backform einfüllen und mithilfe einer Teigkarte glätten. Die Marmelade glatt rühren und auf dem Teig verteilen. Mit dem Spritzbeutel ein Teiggitter auf den Kuchen spritzen und die Linzerschnitte im vorgeheizten Ofen bei 180 °C ca. 45 Minuten backen. Auskühlen lassen und in beliebig große Stücke schneiden.

Schwierigkeitsgrad: ❷ | Zubereitungszeit: 30 Min. |
Backzeit: 45 Min. | Backtemperatur: 180 °C, 2. Schiene |
Zubehör: flexibler Backrahmen

Marillenkompott mit Seidentofu im Glas

12 Marillen oder Aprikosen
300 g Seidentofou
150 g vegane Schlagcreme
150 ml Marillennektar
60 g Feinkristallzucker
40 g Agavendicksaft
abgeriebene Schale einer Zitrone
Mark einer Vanilleschote
4 Kardamomkapseln

Außerdem
80 g geriebene Haselnüsse
60 g vegane Margarine
60 g Rohrohrzucker
50 g Semmelbrösel
abgeriebene Schale ½ Zitrone
Minzeblätter zum Dekorieren

Marillen halbieren, Steine entfernen und die Marillen in grobe Würfel schneiden. Zucker in einer Pfanne schmelzen lassen, Marillen dazugeben und kurz rösten, bis der Zucker schön braun karamellisiert ist. Mit Marillennektar ablöschen, Vanillemark dazugeben und das Kompott ca. 5 Minuten bei kleiner Hitze einkochen lassen. Vom Herd nehmen und abkühlen lassen. Die Samen aus den Kardamomkapseln nehmen und im Mörser frisch mahlen. Seidentofu mit Agavendicksaft, Kardamom und Zitronenschale vermengen und mit dem Stabmixer glatt rühren. Schlagcreme aufschlagen und unter den Seidentofu heben.
In einer Pfanne vegane Margarine schmelzen lassen. Semmelbrösel, Zucker, Zitronenschale und Haselnüsse darin kurz anrösten, aber nicht zu dunkel werden lassen.
Zum Anrichten alle Zutaten abwechselnd in Gläser schichten. Zum Schluss mit einigen Nussbröseln bestreuen und mit Minzeblättern dekorieren.

Schwierigkeitsgrad: ❶ | Zubereitungszeit: 40 Min.

Orientalischer Couscous

600 ml Wasser
500 g Couscous
100 g Rosinen
20 – 30 ml Agavendicksaft
30 g Mandelsplitter
abgeriebene Schale einer Zitrone
½ Päckchen Safranfäden
1 Prise Salz

Außerdem
2 Äpfel
2 Mandarinen
2 EL Ahornsirup
Kokoschips zum Garnieren

Wasser mit Safranfäden, Salz und Zitronenschale zum Kochen bringen. Couscous, Rosinen und Mandelsplitter einrühren, zudecken und ca. 10 Minuten ruhen lassen. Den Couscous mit einer Gabel auflockern und je nach Geschmack mit Agavendicksaft süßen. Die Äpfel schälen, entkernen und in Spalten schneiden. Die Mandarinen schälen und die Filets halbieren. Das Obst in einer Schüssel mit dem Ahornsirup vermengen.

Den Couscous mithilfe von Dessertringen auf Teller portionieren und das Obst darauf verteilen. Den Couscous mit Kokoschips garnieren.

Schwierigkeitsgrad: **1** | Zubereitungszeit: 20 Min. plus Ruhezeit | Zubehör: sechseckige Dessertringe, 6,5 cm

Pêche Melba ist wohl das bekannteste Gerichte von Auguste Escoffier. Er kreierte es zu Ehren der Opern-diva Nellie Melba.

Leider wird es heute überall mit Dosen-pfirsichen und rosa Zuckersirup mit Himbeergeschmack aus der Tube zubereitet. Wenn Sie dieses Dessert einmal frisch zubereitet erschmeckt haben, werden Sie erahnen können, warum man Auguste Escoffier als Koch der Köche bezeichnet.

Pêche Melba (Pfirsich Melba)

Für das Vanilleeis
400 ml Sojadrink
250 ml Kokosmilch
150 g Banane
50 g Puderzucker oder
6–7 EL Apfeldicksaft
Mark einer Vanilleschote

Für die Pfirsiche
4 Pfirsiche
300 ml Wasser
100 ml Holunderblütensirup
50 g Feinkristallzucker
1 Vanilleschote

Für die Himbeersauce
200 g Himbeeren
40 g Puderzucker
3 TL Zitronensaft
abgeriebene Schale ½ Orange
2 Gewürznelken
1 Prise Guarkernmehl

Außerdem
Mandelblätter zum Bestreuen

Für das Vanilleeis Bananen, Kokosmilch, Vanillemark und Puderzucker mit dem Stabmixer fein pürieren. Sojadrink unterrühren und die Masse in einer Eismaschine gefrieren lassen.

Pfirsiche kurz in kochendes Wasser tauchen und sofort danach in kaltem Wasser abschrecken. Je nach Reifegrad der Pfirsiche dauert es etwas länger, bis sich die Pfirsiche leicht schälen lassen. Pfirsiche schälen, halbieren und entsteinen. In einem Topf Wasser, Holunderblütensirup, Zucker und die Vanilleschote zum Kochen bringen. Die Hälften hineinlegen und den Topf vom Herd nehmen. Die Pfirsiche 5–10 Minuten im heißen Sud ziehen lassen.

Himbeeren mit Puderzucker, Zitronensaft, Gewürznelken und Orangenschale mischen und mit einer Gabel zerdrücken. Alles ca. 20 Minuten ruhen lassen, anschließend durch ein feines Sieb passieren und mit Guarkernmehl eindicken.

Das Vanilleeis in Gläser portionieren, mit Pfirsichhälften belegen, kräftig mit Himbeersauce überziehen und zuletzt mit Mandelblättchen bestreuen.

Schwierigkeitsgrad: ❷ | Zubereitungszeit: 50 Min. plus Gefrierzeit | Zubehör: Eismaschine

Dieser Kuchen im Glas ist super saftig. Er eignet sich ideal zum Mitnehmen z.B. für ein Picknick. Die Pflaumen können auch durch Kirschen oder anderes saftiges Obst ersetzt werden.

Pflaumenkuchen im Glas

300 g helles Weizenmehl
220 g Apfelmus
200 g gelbe, entsteinte Pflaumen
160 g Feinkristallzucker
100 ml kohlensäurehaltiges
Mineralwasser
40 g geriebene Haselnüsse
30 g Rapsöl
2 EL Apfelessig
2 TL Kakaopulver
6 g Weinsteinbackpulver
1 TL Zimt
½ TL Vanillepulver
1 Msp. Natron
1 Prise Salz

Außerdem
vegane Margarine zum Einstreichen
Feinkristallzucker zum Ausstreuen
der Gläser
Puderzucker zum Bestreuen

Mehl mit Haselnüssen, Kakao, Backpulver, Natron, Salz, Zimt und Vanillepulver versieben. Zucker dazugeben und mit Apfelmus, Mineralwasser, Öl und Apfelessig zu einen homogenen Teig verarbeiten. Gläser leicht mit Margarine einstreichen und mit etwas Zucker ausstreuen. Überschüssigen Zucker entfernen. Die Gläser zu je einem Drittel mit Teig befüllen. Die Pflaumen in dünne Spalten schneiden, auf dem Teig verteilen und mit etwas Teig bedecken. Noch eine Schicht Pflaumen darauf legen und zum Schluss den restlichen Teig auf alle Gläser verteilen. Die Kuchen im vorgeheizten Ofen bei 160 °C 35–40 Minuten backen. Danach mit Puderzucker bestreuen und am besten noch lauwarm genießen.

Schwierigkeitsgrad: ❶ | Zubereitungszeit: 25 Min. |
Backzeit: 35–40 Min. | Backtemperatur: 160°C, 2. Schiene |
Zubehör: Gläser oder andere Backformen

Pochierte Birnen mit Maronimousse

Für die pochierten Birnen
4 reife, aber nicht zu
große Birnen
400 ml kohlensäurehaltiges
Mineralwasser
100 g Rohrohrzucker
Saft von 3 Orangen
Saft einer Zitrone
½ Vanilleschote

Für das Maronimousse
200 g Maronipüree
200 ml vegane Schlagcreme
70 g dunkle Kuvertüre
30 ml Birnennektar
1 Prise Zimt

Für die Schokoladensauce
125 g gehackte Zartbitterschokolade
125 g Hafer Cuisine
30 g vegane Margarine

Birnen schälen, Kappen abschneiden und die Birnen mit einem Parisienne-Ausstecher aushöhlen. Mineralwasser in einem sehr schmalen Topf mit Zucker, Vanilleschote und Orangen- und Zitronensaft zum Kochen bringen. Die Birnen hineinlegen und auf kleiner Flamme ca. 5 Minuten köcheln lassen. Den Topf vom Herd nehmen und die Birnen im Fond erkalten lassen.

Für das Maronimousse die Kuvertüre im Wasserbad schmelzen lassen. Dann das Maronipüree, Birnennektar und Zimt mit der Kuvertüre glatt rühren. Die Schlagcreme aufschlagen und unter das Maronipüree heben. Das Mousse mithilfe eines Spritzbeutels in die Birnen füllen und die Kappen wieder daraufsetzen.

Für die Schokoladensauce Hafer Cusine und Margarine zum Kochen bringen.

Die Flüssigkeit vom Herd nehmen und die gehackte Schokolade darin auflösen. So lange rühren, bis eine schöne glatte Sauce entsteht.

Die pochierten Birnen mit der Schokoladensauce auf Tellern anrichten.

Schwierigkeitsgrad: ❷ | Zubereitungszeit: 45 Min. | Zubehör: Parisienne-Ausstecher, Spritzbeutel

Schokoladenkuchen für unterwegs

300 ml kohlensäurehaltiges
Mineralwasser
240 g Einkornmehl
170 g Feinkristallzucker
90 ml Rapsöl
60 g Zartbitterschokolade
30 g Kakaopulver
2 EL Apfelessig
6 g Weinsteinbackpulver
1 TL Vanillezucker
1 Prise Salz

Außerdem
200 ml geschlagene vegane
Schlagcreme
150 g Himbeeren
zerlassene Margarine zum
Einstreichen
geriebene Mandeln zum
Ausstreuen der Gläser
Schokoladenröllchen

Mehl mit Backpulver versieben und in eine Rührschüssel geben. Zucker, Kakaopulver, Vanillezucker und Salz dazugeben und durchrühren. Die Schokolade über dem Wasserbad schmelzen lassen. Mineralwasser, Öl und Apfelessig mit einem Schneebesen vorsichtig unter das Mehl rühren. Zum Schluss die geschmolzene Schokolade in den Teig einrühren. Einmachgläser mit zerlassener Margarine einpinseln. Einen Löffel Mandeln in ein Glas geben. Das Glas so drehen, dass die Wände mit Mandeln bedeckt werden. Überschüssige Mandeln in das nächste Glas schütten und den Vorgang wiederholen. Die Schokoladenmasse mithilfe eines Spritzbeutels in die Gläser einfüllen. Die Gläser sollen zu zwei Dritteln befüllt sein. Die Kuchen im vorgeheizten Ofen bei 180°C 35–40 Minuten backen.
Die Nadelprobe machen, denn die Backzeit kann je nach Glasgröße stark variieren.

Die Schokoladenkuchen kurz vor dem Servieren mit etwas geschlagener veganer Schlagcreme, frischen Himbeeren und Schokoladenröllchen garnieren.

Schwierigkeitsgrad: ❶ | Zubereitungszeit: 20 Min. | Backzeit: 35–40 Min. | Backtemperatur: 180°C, 2. Schiene | Zubehör: 6–8 Einmachgläser, ca. 125 ml Fassungsvermögen, Spritzbeutel

Die Füllung lässt sich mit etwas Fantasie in viele Richtungen abwandeln. Versuchen Sie es einmal mit Lavendelblüten und kandierten Orangenschalen.

Ich siebe Mehl und Kakao für den Nudelteig immer zuerst in eine Schüssel und knete ihn mit den übrigen Zutaten mit dem Knethacken des Handrührgerät etwas vor. Danach gebe ich ihn auf ein Holzbrett, auf dem ich den Teig ordentlich mit den Händen durchknete. Nudelteig macht man mit den Händen, nur so wird er richtig gut. Dadurch bekommt man einfach ein besseres Gefühl für den Teig und erkennt sofort, ob er zu feucht ist oder doch noch etwas mehr Flüssigkeit verträgt.

Schokoladenravioli mit weißer Vanille-Polenta-Füllung

Für den Teig
500 g helles Weizenmehl
160 ml Wasser
150 g Kakaopulver
40 ml Sojadrink
2 EL Rapsöl
1 Prise Salz

Für die Füllung
400 ml Wasser
250 g weiße Polenta oder
auch normale Polenta
100 ml Hafer Cuisine
50 g vegane Margarine
3 EL Apfelsüße
abgeriebene Schale ½ Zitrone
Mark einer Vanilleschote
1 Prise Salz

Außerdem
200 g Physalis
200 ml Pfirsichnektar
1 TL Speisestärke

Mehl, Kakao, Sojadrink, Wasser, Rapsöl und Salz zu einem glatten Teig verarbeiten. Diesen in Frischhaltefolie einwickeln und im Kühlschrank ca. 30 Minuten ruhen lassen.

Wasser, Hafer Cuisine und Margarine mit Zitronenschale, Vanillemark und Salz zum Kochen bringen. Polenta mit einem Schneebesen einrühren und 10–15 Minuten auf kleiner Flamme köcheln lassen. Dann die Masse abkühlen lassen und mit Apfelsüße abschmecken.

Den Teig halbieren und auf einer bemehlten Arbeitsfläche in ca. 2 mm dicke, rechteckige Teigbahnen ausrollen. Aus der Polentamasse mit einem Teelöffel kleine Nockerl ausstechen und in einem Abstand von ca. 3 cm auf eine Teigbahn geben. Es sollte mindestens 1,5 cm Platz für den Rand bleiben. Die Ränder um die Polentahäufchen dünn mit Wasser bestreichen, die zweite Teigbahn darüberlegen und um die Füllung herum fest andrücken. Die Schokoravioli mit einem Ravioliausstecher oder einem Glas ausstechen. Man kann auch ein gezacktes Teigrad verwenden. Die Ränder noch ein wenig festdrücken und die Ravioli auf eine bemehlte Platte legen. In einem Topf ausreichend Wasser mit etwas Salz zum Kochen bringen. Die Ravioli hineingeben und ca. 5 Minuten ziehen lassen. Danach vorsichtig aus dem Wasser heben, abtropfen lassen und auf Tellern anrichten.

Die Physalis halbieren. Speisestärke mit 2 EL kaltem Pfirsichnektar glatt rühren. Den restlichen Pfirsichnektar aufkochen und mit der Speisestärke nicht zu dick binden. Die Physalis kurz im Pfirsichnektar durchschwenken und auf den Ravioli verteilen.

Schwierigkeitsgrad: ❷ | Zubereitungszeit: 45 Min. plus Teigruhe | Zubehör: Ravioliausstecher

Montieren ist das Einrühren von kalter Margarine in eine Sauce kurz vor dem Servieren. Dadurch wird eine schöne sämige Bindung der Sauce erreicht. Die Sauce sollte danach nicht wieder erhitzt, sondern sofort serviert werden, weil sich sonst das Fett und die Basissauce wieder trennen. Wer die Sauce auf Vorrat machen möchte, weil zum Beispiel Gäste kommen, der kann die Sauce anstelle von Margarine mit 1 TL Maisstärke binden.

Süßkartoffelgnocchi mit Orangenragout

Für die Gnocchi

400 g Süßkartoffeln
150 g helles Weizenmehl
90 g Grieß
15 g Speisestärke
1 Prise Salz
1 Prise Muskatnuss

Für das Orangenragout

4 Orangen
50 g eiskalte vegane Margarine
Saft einer Zitrone
3 EL Rohrzucker
½ Sternanis
1 Msp. Vanillepulver

Außerdem

80 g zerlassene Margarine zum
Schwenken der Gnocchi
Minzeblätter zum Garnieren

Die gewaschenen Süßkartoffeln im Backofen bei 200 °C 40 – 45 Minuten garen. Die Süßkartoffeln noch heiß schälen und durch ein Sieb streichen. Die restlichen Zutaten zum Püree geben und rasch zu einem glatten Teig verarbeiten. Den Teig mit Frischhaltefolie bedecken und ca. 30 Minuten ruhen lassen. Dann den Teig auf einer bemehlten Arbeitsfläche zu einer Rolle mit einem Durchmesser von ca. 3 cm formen und davon ca. 2 cm große Stücke abstechen. Die Teigstücke mit leicht bemehlten Händen zu runden Gnocchi formen. In einem großen Topf ausreichend leicht gesalzenes Wasser zum Kochen bringen. Die Gnocchi in das kochende Wasser geben und einmal aufkochen lassen. Dann die Hitze reduzieren, die Gnocchi ca. 5 Minuten ziehen lassen, abgießen und in etwas zerlessener Margarine schwenken. Die Orangen mit einem Messer schälen, und die Filets herauslösen. Orangenreste anschließend kräftig mit den Händen ausdrücken und den Saft auffangen. In einer kleinen Pfanne den Rohrzucker hell karamellisieren lassen. Mit dem Orangen- und Zitronensaft ablöschen und Vanillepulver und Sternanis hinzufügen. Den Orangensaft um ein Drittel einkochen lassen. Die Margarine in kleine Flocken teilen und mithilfe eines Schneebesens unter den Orangensaft montieren. Die Orangenfilets dazugeben und vom Herd nehmen.

Die Gnocchi in Schüsseln geben und mit dem Orangenragout anrichten. Eventuell mit frischer Minze bestreuen.

Schwierigkeitsgrad: ❷ | Zubereitungszeit: 40 Min. plus Teigruhe | Backzeit: 40 – 45 Min. | Backtemperatur: 200 °C, 2. Schiene

Ein sehr mächtiges
und schweres Dessert.
Daher passt auch
einmal alternativ zur
klassischen Garnitur
etwas frisches Obst.

Warmer Schokoladenpudding

370 ml kohlensäurehaltiges
Mineralwasser
300 g helles Weizenmehl
220 g Rohrohrzucker
120 g fein geriebene Zartbitterschokolade
100 ml Sonnenblumenöl
40 g Kakaopulver
40 g fein geriebene Walnüsse
10 g Weinsteinbackpulver
½ TL fein geriebener Ingwer
½ frisch geriebene Tonkabohne
1 TL Vanillepulver
1 Prise Salz

Für die Schokoladensauce
250 ml Hafer Cuisine
150 g dunkle Kuvertüre
60 g zimmerwarme vegane
Margarine
20 g Feinkristallzucker
Mark ½ Vanilleschote

Außerdem
200 ml vegane Schlagcreme
vegane Margarine zum Ausstreichen
Feinkristallzucker für die Formen

Dariolformen mit etwas Margarine ausstreichen und mit Zucker ausstreuen. Mehl mit Backpulver in eine Schüssel sieben. Walnüsse, Zucker, Vanillepulver, Kakao, Ingwer, Tonkabohne, Salz und die fein geriebene Schokolade mit dem Mehl vermengen. Sonnenblumenöl und Mineralwasser mit der Mehlmischung zu einem glatten Teig verarbeiten. Die Masse in die Dariolformen füllen, bis diese zu zwei Dritteln gefüllt sind, und dann im vorgeheizten Ofen bei 170 °C ca. 25 Minuten backen.

Für die Schokoladensauce die Hafer Cuisine mit Zucker und Vanillemark zum Kochen bringen. Die Kuvertüre fein hacken. Heiße Hafer Cuisine über die Kuvertüre gießen und die Kuvertüre unter Rühren auflösen lassen. Die Margarine schaumig schlagen und unter die Schokoladesauce heben.

Vegane Schlagcreme aufschlagen. Die warme Schokoladensauce über die heißen, aus der Form gestürzten Schokoladenpuddinge gießen und mit etwas Schlagcreme garnieren.

Schwierigkeitsgrad: ❷ | Zubereitungszeit: 20 Min. | Backzeit: 25 Min. | Backtemperatur: 170°C, 2. Schiene | Zubehör: 6–8 Dariolformen, ø 8,5 cm

Pudding, Eis & Creme

Erdbeereis

500 g Erdbeeren
270 ml Reisdrink
70 g Rohrohrzucker
2 EL Apfelsüße
2 TL Limettensaft

Außerdem
Schokoladenröllchen
zum Garnieren

Erdbeeren waschen, putzen, klein schneiden, mit Zucker, Apfelsüße und Limettensaft marinieren und ca. 2 Stunden im Kühlschrank ziehen lassen. Die Erdbeeren mit einem Stabmixer fein pürieren und den Reisdrink unterrühren. Alles durch ein feines Sieb streichen, damit die Kerne zurückbleiben. Die Masse im Gefrierschrank etwas vorkühlen und danach in einer Eismaschine gefrieren lassen.

Das Erdbeereis mit Schokoladenröllchen garnieren.

Schwierigkeitsgrad: ❶ │ Zubereitungszeit: 10 Min. plus Marinier- & Gefrierzeit │ Zubehör: Eismaschine

Grießpudding mit Kumquatkompott

Für den Grießpudding
400 ml Sojadrink
100 ml vegane Schlagcreme
70 g Grieß
50 g Rohrohrzucker
½ TL Vanillepulver

Für das Kompott
20 Kumquats
3 unbehandelte Orangen
20 g vegane Margarine
20 ml Apfelsüße
20 g Orangenmarmelade

Außerdem
Minzeblätter zum Garnieren

Sojadrink mit Zucker und Vanillepulver aufkochen. Dann den Grieß einlaufen lassen. Unter ständigem Rühren den Pudding noch einmal aufkochen lassen und vom Herd nehmen. Die Schlagcreme aufschlagen und unter den fast erkalteten Pudding rühren. Danach in Dessertschüsseln füllen. Kumquats heiß waschen und halbieren. Von einer Orange mit einem Zestenreißer einige Streifen abschneiden und den Saft der Orangen auspressen. Apfelsüße mit veganer Margarine aufkochen lassen. Mit Orangensaft ablöschen. Orangenmarmelade und -zesten einrühren. Kumquats dazugeben, noch einmal aufkochen lassen und vom Herd nehmen.

Das Kompott auf dem Pudding verteilen und mit etwas Minze garnieren.

Schwierigkeitsgrad: ❶ | Zubereitungszeit: 25 Min. plus Auskühlzeit

Wichtig ist, dass
Sie einen sehr guten Mixer
verwenden, um die Nüsse
wirklich sehr fein zu pürieren.
Wen es nicht stört, dass die
Creme nicht ganz so glatt
ist, der kann auf das
Durchseihen auch
verzichten.

Macadamia-Crème-brûlée

300 ml Mandeldrink
100 g Ahornsirup
50 g Macadamianüsse
2–3 EL Rohrzucker
4 g Agar-Agar

Macadamianüsse mit Mandeldrink und Ahornsirup fein pürieren und durch ein Sieb streichen. Den Nussdrink in einen kleinen Topf geben, das Agar-Agar darübersieben, mit dem Schneebesen klumpenfrei einrühren und alles zum Kochen bringen. Den Nussdrink ca. 5 Minuten auf kleiner Flamme köcheln lassen. Die Creme in kleine Schüsseln abfüllen und mindestens 4 Stunden kalt stellen. Dann mit Rohrzucker bestreuen und die Crème brûlée mit einem Bunsenbrenner so gratinieren, dass eine schöne Karamellkruste entsteht.

Schwierigkeitsgrad: ❶ | Zubereitungszeit: 15 Min. plus Kühlzeit | Zubehör: 4 Crème-brûlée-Formen mit ca. 110 ml Fassungsvermögen, Bunsenbrenner

Mangopudding mit Kokos-Minz-Sahne

Für den Pudding
2 große reife Mangos
250 ml Kokosmilch
125 ml Wasser
120 g Feinkristallzucker
4 g Agar-Agar

Für die Kokos-Minz-Sahne
1 Dose Kokosmilch (250 ml)
4 EL Apfelsüße
2 EL fein gehackte Minzeblätter

Außerdem
Schokoladensplitter und
Minzeblätter zum Garnieren

Mangos um die Steine herum ausschneiden und das Fruchtfleisch mithilfe eines Löffels herausschaben. Mangos mit Kokosmilch und Zucker mit einem Stabmixer zu einem feinen Püree verarbeiten. Agar-Agar mit etwas Wasser glatt rühren. Das restliche Wasser zum Kochen bringen und das angerührte Agar-Agar hineinrühren. Alles ca. 5 Minuten auf kleiner Flamme köcheln lassen. Das Wasser unter das Mango-Kokosmilch-Gemisch geben und gut miteinander verrühren. Den Pudding in Gläser füllen und ca. 3 Stunden kalt stellen. Für die Sahne die Dose Kokosmilch mindestens 12 Stunden in den Kühlschrank stellen. Dann die Dose öffnen und das feste Fett vorsichtig abnehmen. Das Kokosfett mit einem Handgerät aufschlagen, mit etwas Apfelsüße süßen und mit Minzeblättern würzen.

Die Kokos-Minz-Sahne auf dem Mangopudding anrichten und mit einigen Schokoladensplittern und Minzeblättern garnieren.

Tipp: Den Rest der Kokosmilch können Sie zur Zubereitung von Getränken oder Suppen verwenden.

Schwierigkeitsgrad: **1** | Zubereitungszeit: 30 Min. plus Auskühlzeit

Der Sojadrink sollte bei der Verarbeitung des Matchapulvers eine Temperatur von 80 °C nicht überschreiten.

Matcha-Pannacotta

300 ml Sojadrink
150 ml Soja Cuisine
60 g Puderzucker
2 TL Matchapulver
5 g Agar-Agar
Mark einer Vanilleschote
½ TL abgeriebene Schale
einer Orange

Außerdem
200 g Brombeeren
1 EL Puderzucker
1 EL Zitronensaft

Vanillemark, Orangenschale und Puderzucker in einen Topf geben. Sojadrink mit einem Schneebesen unter kräftigem Rühren langsam dazugeben. Sojadrink zum Kochen bringen und dann vom Herd nehmen. Matchapulver darin auflösen und ca. 10 Minuten ziehen lassen. Agar-Agar klumpenfrei in der Soja Cuisine anrühren und auf kleiner Flamme ca. 5 Minuten köcheln lassen. Soja Cuisine unter den Sojadrink rühren und das Dessert in Gläser abfüllen. Die Pannacotta 2–3 Stunden kalt stellen, bis die Masse gestockt ist.

Brombeeren mit etwas Puderzucker und Zitronensaft mischen und vor dem Servieren auf der Pannacotta verteilen.

Schwierigkeitsgrad: ❶ | Zubereitungszeit: 30 Min. plus Auskühlzeit

Wenn Sie die Mousse noch etwas länger kalt stellen, wird die Konsistenz noch fester und die Mousse schmilzt auf der Zunge. Am besten eignen sich die dunklen, nicht so wässrigen Hass-Avocados.

Mousse au Chocolat

2–3 vollreife Avocados
200 ml vegane Schlagcreme
75 ml Ahornsirup
40 g Kakaopulver
1 Vanilleschote

Schlagcreme aufschlagen. Avocados halbieren, Steine entfernen und das Fruchtfleisch aus den Schalen lösen. Vanilleschote auskratzen. Avocados und Vanillemark zusammen mit Ahornsirup und Kakao cremig pürieren und dann die Schlagcreme unterheben. Die Mousse au Chocolat in Dessertschalen geben und ca. 2 Stunden kalt stellen.

Tipp: Manche veganen Schlagcremes schmecken sehr stark nach Soja, was bei diesem Gericht unter Umständen zu sehr dominieren kann. Als Alternative zu den auf Soja basierenden Schlagcremes wählen Sie Produkte auf Reis- oder Kokosbasis.

Schwierigkeitsgrad: **1** | Zubereitungszeit: 20 Min. plus Kühlzeit

Rhabarberschaum

700 g Rhabarber
150 ml vegane Schlagcreme
100 ml Wasser
100 g Feinkristallzucker
3 EL Apfelsüße
2 TL Vanillezucker
4 g Agar-Agar

Rhabarber putzen, gründlich schälen und in ca. 2 cm große Stücke schneiden. Rhabarber, Zucker, Vanillezucker und Wasser in einem Topf unter gelegentlichem Rühren zum Kochen bringen. Alles mit dem Stabmixer pürieren. Agar-Agar darübersieben, gut verrühren und den Rhabarber weitere 5 Minuten auf kleiner Flamme köcheln lassen. Es sollte so viel Flüssigkeit wie möglich verdampfen. Im Kühlschrank mindestens 4 Stunden gut durchkühlen lassen. Dann die Schlagcreme aufschlagen, mit der Apfelsüße süßen und unter den Rhabarber heben.

Schwierigkeitsgrad: ① | Zubereitungszeit: 40 Min. plus Kühlzeit

Schokoladen-Ingwer-Sorbet

600 ml Wasser
200 g Feinkristallzucker
60 g Kakaopulver
50 g Zartbitterschokolade
1 TL fein geriebener Ingwer
Mark einer Vanilleschote

Kakao, Zucker und Vanillemark in einen Topf geben. Unter Rühren nach und nach das kalte Wasser dazugeben, bis sich der Zucker aufgelöst hat. Erst dann die Kakao-Wasser-Mischung zum Kochen bringen und auf kleiner Flamme ca. 10 Minuten köcheln lassen. Den Ingwer dazugeben und die Masse vom Herd nehmen. Die Schokolade fein hacken und zur Kakaomasse geben. Alles so lange rühren, bis sich die Schokolade aufgelöst hat. Die Masse am besten über Nacht im Kühlschrank abkühlen lassen. Danach in einer großen Schüssel in den Gefrierschrank stellen und etwa alle 30 Minuten mit dem Schneebesen einmal kräftig durchrühren, bis eine schöne cremige Masse entstanden ist. Je nach Leistung des Gefrierschranks und der Größe der Schüssel dauert dies 2 – 3 Stunden. Wer eine Eismaschine besitzt, kann die Masse auch darin gefrieren lassen.

Mit dem Eisportionierer auf Gläser aufteilen und servieren.

Schwierigkeitsgrad: **1** | Zubereitungszeit: 30 Min. plus Kühl- & Gefrierzeit

Dieser Schokoladenpudding
eignet sich sehr gut als Basis für
diverse Cremes und Tortenfüllungen.
Der Pudding selbst ist extrem wandlungsfähig. Probieren Sie ihn einmal mit
Haselnusskrokant, kandiertem Ingwer,
Zitronengras oder etwas Chili, für alle,
die es etwas feuriger mögen.
Der Fantasie sind beim Kochen
kaum Grenzen gesetzt.

Schokoladenpudding mit Kokosschaum und Erdmandelsplitter

500 ml Mandeldrink
100 g Zartbitterschokolade
40 g Speisestärke
30 g Rohrohrzucker
20 g Kakaopulver
½ TL Vanillepulver

Außerdem
200 ml Kokosmilch
1 EL Apfelsüße oder Agavendicksaft
2 EL geröstete Erdmandelsplitter

Zartbitterschokolade fein reiben oder mit einem Messer hacken. Vom Mandeldrink ca. 1/8 l abnehmen und die Speisestärke darin anrühren. Den restlichen Mandeldrink mit Kakao, Vanillepulver und Zucker in einem ausreichend großen Topf unter ständigem Rühren zum Kochen bringen. Dann die Schokolade einrühren und auflösen lassen. Speisestärke in die Schokomasse einrühren und alles ca. 2 Minuten auf kleiner Flamme köcheln lassen. Den Pudding in Dessertschalen füllen und mindestens 3 Stunden kalt stellen. Kokosmilch mit Apfelsüße erhitzen und mit einem Stabmixer schaumig rühren.

Den Pudding mit der schaumigen Kokosmilch garnieren und etwas geröstete Erdmandelsplitter darauf verteilen.

Schwierigkeitsgrad: ❶ | Zubereitungszeit: 15 Min. plus Auskühlzeit

Wer möchte, kann das Tiramisu noch mit Rum verfeinern. Vermutlich ist Ihnen schon aufgefallen, dass in meinen Rezepten kein Alkohol vorkommt. Dies hat zum einen den Grund, dass z.B. beim Klären von Wein Gelatine zum Einsatz kommen kann.

Zum anderen sitzen oft auch Kinder mit am Tisch. Alkohol hat dann in keinem Gericht etwas verloren, denn so werden die natürlichen Hemmschwellen bei Kindern abgebaut, weil sie so an den Geschmack des Alkohols in Form von Süßigkeit herangeführt werden. Ich denke, das muss nicht sein.

Tiramisu

Für den Biskuit
210 ml kohlensäurehaltiges Mineralwasser
180 g helles Weizenmehl
70 g Feinkristallzucker
30 ml Rapsöl
2 TL Apfelessig
7 g Weinsteinbackpulver
abgeriebene Schale ½ Zitrone
½ TL Vanillepulver
1 Prise Salz

Für die Creme
300 g Seidentofu
200 ml vegane Schlagcreme
90 g Ahornsirup
Mark einer Vanilleschote

Außerdem
300 ml kalter Kaffee
Kakaopulver

Mehl mit Backpulver in eine Rührschüssel sieben, Feinkristallzucker, Zitronenschale, Vanillepulver und Salz dazugeben. Wasser, Öl und Apfelessig unter Rühren langsam in das Mehl einarbeiten, bis eine homogene Masse entsteht. Den Biskuitteig ca. 1 cm hoch auf ein mit Backpapier belegtes Blech aufstreichen und im vorgeheizten Ofen bei 160°C ca. 30 Minuten backen. Danach auskühlen lassen.

Seidentofu mit Ahornsirup und Vanillemark mit einem Stabmixer glatt passieren. Die Schlagcreme aufschlagen und unter den Seidentofu heben.

Mithilfe der Gläser pro Glas 3 Scheiben aus dem Biskuit ausstechen. Eine Biskuitscheibe in den Kaffee eintauchen und den Glasboden damit bedecken. Tofucreme darauf verteilen und wieder eine in Kaffee getauchte Biskuitscheibe darauflegen. Eine weitere Schicht Tofucreme hinzufügen und diese wieder mit einer in Kaffee getauchten Biskuitscheibe belegen. Diesen Vorgang mit allen Gläsern wiederholen. Die restliche Tofucreme auf die Gläser verteilen und das Tiramisu mindestens 6 Stunden kalt stellen.

Vor dem Servieren mit Kakaopulver bestreuen.

Schwierigkeitsgrad: ❷ | Zubereitungszeit: 25 Min. plus Kühlzeit | Backzeit: 30 – 35 Minuten | Backtemperatur: 160°C, 2. Schiene | Zubehör: 4 – 6 Gläser, je nach Größe

Falls Sie keine Eismaschine haben, geben Sie die Eismasse in ein weites Gefäß, und stellen Sie es in den Gefrierschrank. Rühren Sie die Masse einfach alle 30 Minuten mit einem Schneebesen kräftig durch. Wenn die Masse zu stocken beginnt, rühren Sie etwas öfter um. Auf diese Weise erhalten Sie ein schönes cremiges Eis.

Zitroneneis

500 ml Sojadrink
200 ml Zitronensaft
200 ml Soja Cuisine
50 ml Apfelsüße

Außerdem zum Garnieren
Schokoladenröllchen
Rote Johannisbeeren oder
andere Beeren
Zitronenscheiben

Zitronensaft mit Apfelsüße erhitzen und langsam unter die Soja Cuisine rühren. Alles mit dem Sojadrink mischen und 3–4 Stunden kühl stellen. Die Masse in eine Eismaschine füllen und gefrieren lassen.

Das Eis in Schalen portionieren und mit Schokoladenröllchen, Beeren und Zitronenscheiben garnieren.

Schwierigkeitsgrad: **1** | Zubereitungszeit: 15 Min. plus Kühl- & Gefrierzeit (hängt von der Leistungsfähigkeit Ihrer Eismaschine ab) | Zubehör: Eismaschine

Der Kuchen wird nichts?

Der Teig ist zu krümelig: Arbeiten Sie einfach etwas mehr Fett in den Teig ein, die Mehlmenge ist zu hoch.

Der Teig lässt sich nicht ausrollen: Die Mehlmenge auf der Arbeitsfläche sollte nicht zu wenig, aber auch nicht zu viel sein. Versuchen Sie einmal, den Teig zwischen zwei Lagen Frischhaltefolie oder Silikonbackmatten auszurollen.

Der Kuchen läuft über: Entweder ist die Form zu klein, denn die Form sollte nur zu zwei Drittel mit Teig befüllt sein, die Menge an Backpulver war zu hoch oder die Temperatur des Ofens hat nicht gestimmt (meist zu niedrig).

Der Kuchen wird seltsam spitz: Meist liegt dies an einer zu hohen Ofentemperatur. Die Oberfläche des Kuchens bildet zu schnell eine Kruste, bevor das Backpulver seine Treibkraft entfalten kann.

Der Kuchen geht ungleichmäßig auf: Mehl und Backpulver wurden nicht ordentlich miteinander versiebt.

Der Kuchen geht nicht richtig auf: Der Backofen sollte während der ersten 15 Minuten nicht geöffnet werden. Überprüfen Sie auch die Haltbarkeit des Backpulvers.

Der Kuchen ist nicht durch: Die Ofentemperatur ist zu niedrig oder die Backzeit ist zu kurz.

Der Kuchen ist oben schwarz und innen roh: Die Ofentemperatur ist zu heiß. Reduzieren Sie die Temperatur, verlängern Sie so die Backzeit, oder decken Sie den Kuchen mit Alufolie ab.

Der Kuchen geht nicht aus der Form: Meist liegt es daran, dass die Form nicht ordentlich eingefettet wurde oder die Beschichtung zerkratzt oder beschädigt ist. Bei Dariolformen können Sie mit einem kleinen Messer vorsichtig am Rand entlangschneiden. Bei Kuchenformen können Sie ein nasses kaltes Geschirrtuch auf die Form legen. Dadurch kühlt sich die Form ab und der Kuchen löst sich.

Die vegane Schlagcreme lässt sich nicht aufschlagen: So gut wie alle veganen Alternativen zur Sahne müssen vor dem Aufschlagen gut gekühlt werden. Die vegane Schlagcreme am besten über Nacht im Kühlschrank durchkühlen lassen.

Maßeinheiten für Mehl, Zucker & Co.

1 kg = 1000 g = 100 dag | 0,1 kg = 100 g = 10 dag
1 EL sind 8–15 g, je nach spezifischem Gewicht des Produktes
1 TL sind 3–6 g, je nach spezifischem Gewicht des Produktes
1 Prise ist in etwa die Menge, die Sie leicht zwischen Zeigefinger und Daumen bekommen.
1 Msp. ist die Menge, die gerade einmal auf eine Messerspitze passt.

Maßeinheiten für Flüssigkeiten

1 l = 1000 ml = 1000 ccm = 100 cl = 10 dl
$^1/_2$ l = 500 ml = 500 ccm = 50 cl = 5 dl
$^1/_4$ l = 250 ml = 250 ccm = 25 cl = 2,5 dl
$^1/_8$ l = 125 ml = 125 ccm = 12,5 cl = 1,25 dl

Temperaturtabelle

Die Temperaturen bei den Rezepten beziehen sich auf statische Ober- und Unterhitze. Sollten Sie mit Umluft backen, reduzieren Sie die Temperatur um 10–20 %, und beachten Sie die Hersteller-angabe Ihres Gerätes.

Elektroherd	Gasherd		Elektroherd	Gasherd
150 °C	Stufe 1		220 °C	Stufe 4
170 °C	Stufe 2		240 °C	Stufe 5
200 °C	Stufe 3			

Einige Fachbegriffe

Absterben: Auskristallisieren von Zucker und Glasuren mit der Folge, dass sie ihren Glanz verlieren.

Aprikotieren: Gebäck beliebiger Art oder auch Süßspeise mit passierter eingekochter Aprikosenmarmelade bestreichen oder dünn überziehen. Dadurch entsteht eine glatte Oberfläche für Glasuren. Auch Schokostreusel oder gehackte Nüsse haften dann besser an Gebäckstücken.

Aufschlagen: Lockerungsvorgang bei der Zubereitung von Schlagcreme, Biskuitmasse, Saucen oder Cremes. Die Masse wird mit einem Schneebesen, Handrührgerät oder Stabmixer bearbeitet, um sie locker und luftig zu machen.

Blindbacken: meint das Backen einer Teighülle ohne Füllung. Dazu die Backform mit Teig (Mürbeteig, Pastetenteig) auslegen, auf dem Teig Backpapier auslegen, mit getrockneten Hülsenfrüchten oder Reis auffüllen und backen.

Blanchieren: Nüsse oder Früchte werden kurz in kochendem Wasser überbrüht. Dadurch lassen sie sich sehr leicht schälen.

Dressieren: Bezeichnung für »in Form bringen«. Teige, Cremes oder Schlagcremes werden mithilfe eines Spritzbeutel und einer Tülle in die gewünschte Form gebracht.

Erstarren: Zeitpunkt, an dem eine Masse, ein Gelee oder ein Creme dick und fest zu werden beginnt.

Fondant: Zartschmelzende Glasurmasse aus feinsten Zuckerkristallen und Zuckersirup. Die Grundmasse ist weiß, kann aber auch gefärbt oder mit Spirituosen aromatisiert werden.

Ganache: Kuvertüre wird in heißer Schlagcreme erhitzen und schmelzen gelassen. Je nach Kuvertüreanteil wird die Masse fest oder kann nach dem Abkühlen wieder aufgeschlagen werden.

Glasieren: Das Überziehen von Gebäckstücken, z.B. mit Gelee oder Zuckerglasur.

Garnierkarte oder Garnierkamm: Dieses Werkzeug sieht aus wie eine Teigkarte, hat jedoch verschiedene Zacken auf jeder Seite. Man verwendet es zum Verzieren von Torten oder Cremes.

Handrührgerät: Universalgerät, das je nach Umfang meist mit Knethaken oder Schneebesen bestückt werden kann.

Krokant: vom französischen Wort »cropuant«. Bezeichnung für eine Verbindung aus geschmolzenem Zucker und zerkleinerten Mandeln oder Nüssen, z.B. Nusskrokant, Pistazienkrokant.

Kuchengitter: Ein nicht zu grobmaschiges Gitter zum Auskühlen von Kuchen. Der Kuchen kann so auch von unten gut auskühlen und schwitzt nicht.

Messer: Es empfiehlt sich, immer ein scharfes Messer für Arbeiten mit Obst und ein Messer mit Wellenschliff zum Schneiden von Tortenböden parat zu haben.

Tablieren: Tablieren bezeichnet den folgenden Vorgang: Durch das Reiben mit einem Kochlöffel an der Topfwand veranlasst man gekochten Zucker zu einer feine Kristallbildung. Schokolade wird dabei auf eine Marmorplatte gegossen und so lange mit der Palette hin und her bewegt, bis die Schokolade die gewünschte Temperatur erreicht hat.

Trüffel: In der Confiserie die Bezeichnung für Rahmganache mit eingerührter Butter, meist in Form von Kugeln.

Zeste oder Zitrusschale: Das ist die dünne Außenschale von Zitrusfrüchten, die das aromatische Zitrusöl enthält. Sie wird meist sehr dünn mit einem Sparschäler, Zestenreißer oder mit einer Reibe von der bitteren, weißen Unterschale entfernt.

Rezeptregister

a

Amarenakirschpudding 164
Apfel-Rhabarber-Strudel 72
Apfelstreuselkuchen 74
Aprikosenknödel im Pistazienmantel ... 152
Aprikosenkompott mit
    Seidentofu im Glas 184
Aprikosenkuchen 110
Avocadocreme-Törtchen mit
    weißer Nusskruste 18

b

Baklava 20
Bananen-Schoko-Schnitte 76
Beerenterrine mit Himbeersauce 166
Beerentorte 78
Birnentarte 80
Blaubeer-Cupcake 22
Blaubeerkuchen 82
Brombeer-Trifle 24
Brombeertarte 84
Brownies 86

c

Cakepops 26
Cappuccinocreme-Törtchen 28
Cremeschnitte 88

d

Dampfnudeln auf marinierten
    Erdbeeren 144
Die einfachste Schokoladentorte
    der Welt 90
Donuts 30

e

Einfache Pralinen 32
Englischer Teekuchen 34
Erdbeereis 204

f

Feigenkuchen 92
Frühlingsrollen mit Apfel-Marzipan-
    Füllung und süßer Pflaumensauce ... 168

g

Gebackene Apfelringe mit kara-
    mellisierten Haselnüssen 170
Gebackene Holunderblüten auf
    marinierten Erdbeeren 172
Gebackene Mäuse mit Apfelmus 174
Gebackene Schokoladen-Wan-Tan
    mit Kiwibeeren 176
Gebackener Erdbeerkuchen 94
Gefüllte Datteln im Blätterteig 36
Goldstaubtrüffel 38
Goldtorte 96
Grießdukaten auf Orangenkompott ... 178
Grießpudding mit Kumquatkompott ... 206
Grießschmarren mit
    glasierten Äpfeln 146

h

Hagebutten-Dukatenbuchteln 148
Himbeer-Mohn-Torte 98
Himbeercremeschnitte 100
Hirsedessert 180

j

Jasminteetrüffel 40

k

Kaiserschmarren mit
    Zwetschgenkompott 150
Kärntner Reindling 102
Kärntner Zuckerreinkerl 42
Karottenkuchen mit Zitronenglasur 44
Kirschstrudel 104
Kirschtörtchen 46
Kleine Geburtstagstörtchen 48
Kokoskuss 50

Krapfen 52
Kürbiskern-Zitronen-Topfkuchen 106

l

Linzerschnitte 182

m

Macadamia-Crème-brûlée 208
Mandarinencremetorte 108
Mangopudding mit Kokos-
    Minz-Sahne 210
Marillenknödel im Pistazienmantel 152
Marillenkompott mit Seiden-
    tofu im Glas 184
Marillenkuchen 110
Marmorgugelhupf mit weißer
    Kuvertüre und Haselnusskrokant ... 112
Maronimousse-Törtchen 54
Marzipan-Nuss-Strudel 114
Matcha-Pannacotta 212
Matchapralinen 56
Milchreis mit marinierten
    Mandarinenfilets 154
Milchreistörtchen mit Grapefruit 116
Mispelmoussetorte 118
Mohnschupfnudeln 156
Mousse au Chocolat 214

n

Nusspalatschinken mit
    Schokoladensauce 158

o

Orangenkuchen 120
Orientalischer Couscous 186
Osterhase 122

p

Pêche Melba (Pfirsich Melba) 188
Pflaumenkuchen im Glas 190
Pistaziengugelhupf mit weißer
    Schokoladenglasur 124

Pochierte Birnen mit Maronimousse ... 192
Punschkrapfen 58

r

Rhabarberauflauf 126
Rhabarberschaum 216
Rote-Johannisbeer-Kuchen
    mit Sahnehaube 128

s

Safran-Savarin mit Gewürzpflaumen 60
Schneller Orangenkuchen 130
Schokoladen-Ingwer-Sorbet 218
Schokoladenkuchen für unterwegs 194
Schokoladenmuffins 62
Schokoladenomelettes mit
    Himbeercremefüllung 64
Schokoladenpudding mit Kokos-
    schaum und Erdmandelsplitter 220
Schokoladenravioli mit weißer
    Vanille-Polenta-Füllung 196
Schokoladenschnitten 132
Seidentofu-Vanille-Kuchen 134
Selbst gemachte Müsliriegel 66
Selbst gemachte Schokoladentafeln 68
Süßkartoffelgnocchi mit
    Orangenragout 198

t

Tiramisu 222

w

Warmer Schokoladenpudding 200
Weiße Schokomoussetorte
    mit Minzsahne 136
Wiener Schokoladentorte 138

z

Zitroneneis 224
Zitronenrolle 140
Zwetschgentäschchen mit
    Marillenkompott 160

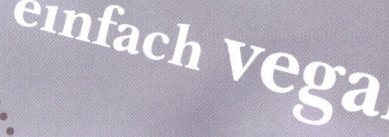

Der Koch

Roland Rauter ist gelernter Koch und seit Jahren Veganer aus Überzeugung. Nach der Kochlehre zog es ihn in seinen Wanderjahren durch Küchen im In- und Ausland, wobei er auch in der Spitzengastronomie gearbeitet hat. In den letzten Jahren hat er als Bereichsleiter und Küchenchef Jugendliche mit Hörbehinderung und Sonderförderbedarf im Bereich Küche ausgebildet. Mit seinen Büchern möchte er nun zeigen, dass die vegane Ernährung eine genussvolle Alternative zum Verzehr von tierischen Produkten ist. Außerdem veröffentlicht Roland Rauter im »Engelmagazin« und in seinem Blog regelmäßig neue Rezepte.
Weitere Informationen zur Arbeit von Roland Rauter finden Sie unter: www.rolandrauter.at

Die Fotografin

Alexandra Schubert fotografiert und dekoriert mit viel Liebe bis ins kleinste Detail. Seit 2010 arbeitet die gelernte Werbefotografin auch im Bereich Foodfotografie und hat unter anderem für das »Engelmagazin« schon viele schmackhafte Gerichte in Szene gesetzt.
Weitere Informationen zur Arbeit von Alexandra Schubert finden Sie unter: www.myshoots.de

Veganes zum Fest! Lassen Sie himmlischen Plätzchenduft doch auch mal durch die vegane Küche ziehen.
ISBN: 978-3-8434-5056-0

Über den Koch und die Fotografin